散步好朋友01

北海道
おさんぽマップ

CONTENTS

U0076730

北海道 特選散步路線36條

❶大通公園的玉米
(p.18)
❷四季彩之丘
(p.76)
❸親子之木(p.77)

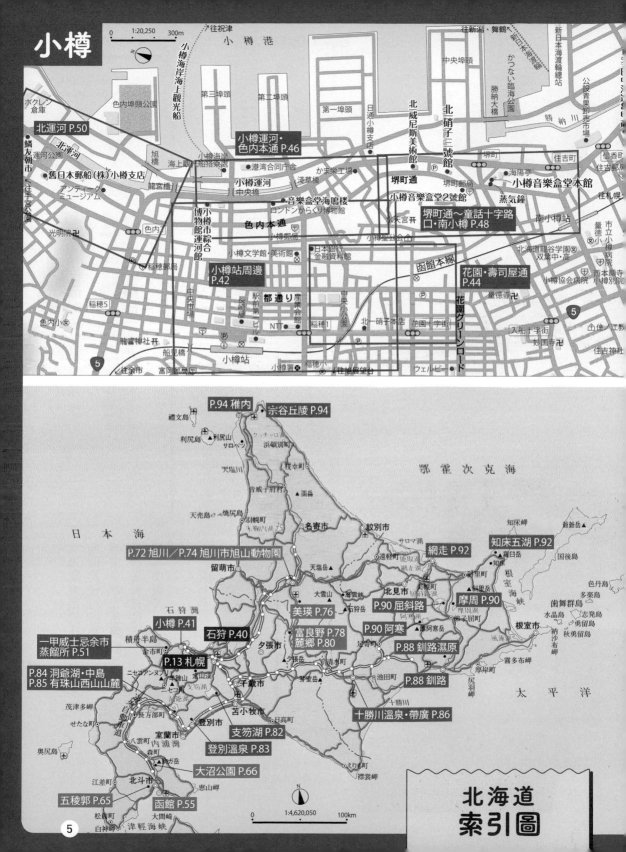

小樽

1:20,250 0 ─── 300m

往祝津
小樽港
小樽海岸海上觀光船

第三埠頭
第二埠頭
第一埠頭

往新潟、舞鶴
新日本海渡輪總站
かつない臨海公園
勝納大橋
新日本海渡輪
公設青果卸売市場
中央埠頭
勝納川

ボクレン倉庫
色内埠頭公園

北運河 P.50
北運河
運河公園

小樽運河・色内本通 P.46
小樽運河中央橋

北硝子三號館
北一威尼斯美術館
日通小樽支店

堺町通
小樽音樂盒堂2號館

小樽音樂盒堂本館
住吉町
海陽亭
蒸気鐘
往札幌

鱗友朝市
舊日本郵船(株)小樽支店
アンティークミュージアム
往手宮公園
光明院卍

海上觀光船搭乘處
港灣合同廳舍
かま栄工場
淺草橋
龍宮橋

音樂盒海鳴樓
ロンドンからくり博物館
水天宮口

堺町通~童話十字路口・南小樽 P.48
南小樽站
北海道龍谷學園
雙葉中・高

市立小樽病院
量徳寺卍
西本願寺小樽別院

稻穗郵局
色内
博物館小樽市綜合運河館
色内本通
小樽市役所
小樽郵局
小樽堂公會

小樽站周邊 P.42
小樽文學館・美術館
日本銀行金融資料館

函館本線
花園・壽司屋通 P.44
花園十字路
花園グリーンロード
小樽協會病院

稻穗5
色内小
龍富神社卍
船見橋

中央市場
駅前第一ビル
長崎屋
NTT

都通り
產業會館
稻種1
中央公園
北一硝子本店
花園十字路

入船十字街
妙見寺卍
住ノ江丁
住吉神社

5

小樽站
小樽署
往余市
富岡郵局
稻穗小
往旭展望台

ウェルビー

5

P.94 稚内
宗谷丘陵 P.94

禮文島
利尻島
利尻山
サロベツ
クッチャロ湖
浜頓別町
茂幸町

鄂霍次克海

天塩川
音威子府村
函岳

天売島
焼尻島
羽幌町
朱鞠内湖

名寄市
紋別市

サロマ湖
遠軽町
能取湖
網走 P.92
網走湖
知床岬
爺爺岳
國後島

知床五湖 P.92
羅臼岳
知床

日本海

P.72 旭川／P.74 旭川市旭山動物園
留萌市

大雪山
層雲峡
斜里町
斜里岳

色丹島
根室海峡
摩周 P.90
摩周湖
弟子屈町

美瑛 P.76
旭岳
大雪山
石狩岳

北見市
P.90 屈斜路
屈斜路湖

歯舞群島
水晶島
志発島
勇留島
納沙布岬
秋勇留島

石狩灣
小樽 P.41
積丹半島
石狩 P.40

富良野 P.78
麓郷 P.80

P.90 阿寒
阿寒湖

根室市

一甲威士忌余市蒸餾所 P.51
P.13 札幌
ニセコアンヌプリ
富良野
夕張市

P.88 釧路濕原

P.84 洞爺湖・中島
P.85 有珠山西山山麓
ニセコ
羊蹄山
洞爺湖
千歲市
茅部岳
十勝川
P.88 釧路
厚岸町
霧多布岬

室蘭市
苫小牧市
登別市
日高町
十勝川温泉・帶廣 P.86

支笏湖 P.82
登別温泉 P.83
大沼公園 P.66

太平洋

茂津多岬
せたな町
奥尻島

內浦灣
森町
鷲ガ岬

えりも町
襟裳岬

五稜郭 P.65
函館 P.55
北斗市
江差町
惠山岬

松前町
白神岬
津輕海峽

0 ─── 100km
1:4,620,050

北海道
索引圖

初夏的四季彩之丘

參照p.76

美瑛

參照p.22

薄野的
交叉路口

晚上就是要來
這裡！

札幌

愛心樹

光看就有
幸福的感覺……

藻岩山展望台

整座都市盡收眼底！
原來夜景如此漂亮！

參照p.39

special issue

北海道 我的相簿

與大家共享感動與美妙！

北海道廣闊的風景與
風情萬種的街景中，
到處是令人雀躍的
絕佳攝影景點。
請自由取景，和大家分享吧。

小樽 小樽運河

以前從來沒看過
這種風景！

別有情趣～
晚上散步
也很浪漫喔

參照p.46

釧路濕原 釧路

參照p.88

放眼望去盡是濕原！
可以看見蜿蜒的河川

令人不禁想
祈求幸福……

愛心形的紀念碑

光是遠眺顯眼的紅磚
也感到心情舒暢！

函館

海鮮蓋飯

參照p.56

海岸區

雖然需要點勇氣，
竟然也有這樣的東西！

北方大地豐饒的贈禮 北海道 庭園街道巡禮

綿延大雪～富良野～十勝，全長約250公里的街道，散布著展現北海道氣候與景觀的八座美麗花園。讓色彩繽紛盛開的植物來療癒你吧。

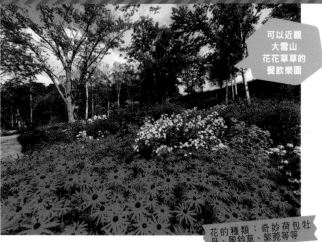

可以近觀大雪山花花草草的餐飲樂園

上川 1 大雪 森林花園
だいせつ　もりのがーでん

盛開著五大不同主題又充滿野趣植栽的庭園「森林花園」，與以原生樹木與山林野草為主的接待庭園「森林迎賓館」，由這兩座風情各異的庭園所組成。以法國菜巨匠三國先生擔任主廚的花園餐廳&別墅也很受歡迎。

花的種類：奇妙荷包牡丹、風鈴草、紫菀等等

2 上野農場 旭川
うえのふぁーむ

可以享受農場與庭園組合的獨特世界感。由代表北海道的園藝家上野砂由紀小姐親手照料花卉。以每個季節都會開花的宿根草為主，可以從花園登上射的山頂眺望田園風景。附設雜貨店與咖啡廳。

充滿高低起伏的花園用地上，各季的花卉爭奇鬥艷

花的種類：魯冰花、玫瑰、銀蓮花等等

富良野

在樹木包圍的空間裡，散步在花園錦簇的小徑

4 十勝千年之森 清水
とかちせんねんのもり

五座靈活運用北海道自然的大規模庭園，例如大地庭園、森林庭園等等。其中的原野花園榮獲英國庭園設計師協會所主辦的大獎。園內也有體驗製作十勝天然起司等活動可以參加。

漫遊與十勝之森共存的廣大庭園

花的種類：肺草、風鈴草、山蔦薔等等

3 風之花園
かぜのがーでん

作為日劇《風之花園》的舞台而建造的庭園。種植地相當端整，花卉有450種以上，共約2萬株。可以參觀庭園中央重現連續劇布景的溫室。穿過樹林位於前方的「薔薇之庭」與「野花的散步道」等等也是必看景點。

花的種類：水芭蕉、爆竹紅、金光菊

---

4 十勝千年之森

■4月下旬～11月初旬／9:30～17:00（7～8月9:00開園，9月以後營業至16:00）／營業期間內無休／1000日圓　☎0156-63-3000

3 風之花園

■4月下旬～10月中旬／8:00～18:00（6月中旬～8月下旬營業至20:00；10月營業至16:00）停止售票時間為閉園前30分鐘／營業期間內無休／800日圓　☎0167-22-1111（新富良野王子大飯店）

2 上野農場

■4月下旬～10月中旬（咖啡廳為全年營業）／10:00～17:00／800日圓　☎0166-47-8741

1 大雪 森林花園

■夏季營業：4月下旬～10月中旬／9:00～18:00（最後入園17:00）、視時期而異／營業期間內無休／800日圓　☎01658-2-4655

花的種類：蝦夷紫陽花、忍冬、露梅類

6 十勝Hills 幕別
とかちひるず

位在略高的山丘上，可以望見十勝景色的設施。除了Sky Mirror、Flower Islands等盛開當季花卉的庭園以外，也散布著種植蔬菜的農田。餐廳可以品嘗到從園內收成的蔬菜與水果製作而成的料理，也很受歡迎。

在視野極佳的山丘上遇見十勝的「農與食」

花的種類：紫玉蘭、老鸛草、紅葉等等

5 真鍋庭園 帶廣
まなべていえん

三大和風與西式的主題庭園接連出現，宛如童話王國！

可以在約8萬㎡的廣大用地內漫遊，並參觀日本庭園、西洋風庭園、風景式庭園。這裡也以日本第一座針葉樹庭園而聞名，有許多罕見的樹木。印有定居在園內的蝦夷松鼠圖案的原創餅乾，很適合當作伴手禮。

在廣大十勝平原環繞的繽紛花園散步

7 紫竹花園 帶廣
しちくがーでん

由非常喜歡花卉的紫竹昭葉女士精心打造的觀光花園。1萬5000坪的用地內，有鐵線蓮小徑、藥草花園、草地花園等等，盛開的花卉約2500種。可以邊眺望花園邊享用的早餐套餐1620日圓（8:30～需預約）很受歡迎。

花的種類：鬱金香、鐵線蓮、萱草等等

花的種類：豬牙花、蝦夷龍膽、玫瑰等等

請多加利用划算的票券吧！

可以從8項設施中選4項使用的划算票券「庭園街道入場券」，1人只要2200日圓。期限內於各花園窗口販售，請務必購買。

利用期間：2018年5月19日（六）～10月14日（日）

8 六花之森 帶廣
ろっかのもり

帶廣的點心製造商六花亭所建造的庭園。有十勝六花之稱的蝦夷龍膽、玫瑰、豬牙花等花卉，會在不同季節盛開。用地內有從克羅埃西亞移建而來的古民房，並展示坂本直行等人的作品，可以欣賞花卉與藝術的競藝演出。

楚楚可憐的山野草療癒人心，藝術與花卉的樂園

---

8 六花之森
■4月下旬～10月中旬／10:00～17:00（6月1日～8月31日為9:00～；9月25日～營業至16:00）／營業期間內無休／800日圓☎0155-63-1000

7 紫竹花園
■4月中旬～11月下旬／8:00～18:00／營業期間內無休／800日圓☎0155-60-2377

6 十勝Hills
■4月中旬～10月下旬／9:00～18:00／營業期間內無休／800日圓☎0155-56-1111

5 真鍋庭園
■4月下旬～12月初旬／8:00～日落（夏季營業至18:00）／營業期間內無休／800日圓☎0155-48-2120

❶ 伊勢鮨 JR小樽站TARCHÉ店
いせずし

位於小樽站站內，步行0秒！雖然立食形式，但由日本全國知名的「伊勢鮨」經營，品質有保證。菜單全都註明價格，令人安心。特選握壽司6貫1100日圓。■11:00〜15:00、16:30〜19:30／週三休／☎080-2873-3391／地圖p.43

一到小樽就先吃壽司吧！

成熟

special issue

好街道、好酒、逛過一家又一家！
"小樽女孩之旅" 微醺散步

有魅力的小樽街景
可以感受到古老美好的時代。
為了眼光很高的"成熟女孩"，
特別由札幌100 miles的總編輯
（P28）Mika Osanai小姐
帶領您前往"美食與美酒"的
散步路線！

總編輯小提示
時間不太夠的時候，
就外帶在車上吃吧！

START
JR 小樽站

❸ 10分　❷ 8分　❶

總編輯小提示
雖然營業日較少，
但是個非常值得
順路去的新景點♪

總編輯小提示
懷舊的咖啡廳
正是小樽之旅的
氣氛！

❸ OSA WINERY
おさ わいなりー

重新裝修百年石製倉庫而成的「市區釀酒廠」。1F是葡萄酒釀酒所；2F有葡萄酒商店&品酒吧，可以享用搭配當地的下酒菜。預計2018年開始，也會將自家公司在小樽市鹽谷的管理農田所栽培的葡萄用來釀酒。■13:00〜19:00（9〜10月需事先洽詢）／週日〜三休／☎0134-61-1955／地圖p.43

❷ あまとう本店

1929年創業的西點店。自1960年發售以來，招牌冰淇淋善哉（M size 630日圓）的霜淇淋、紅豆餡、求肥，正因為是全都堅持使用優質材料，因此至今仍受到喜愛。也別忘了買Marron Coron當伴手禮！■10:00〜19:00（2樓咖啡廳為10:30〜19:00）／週四不定休☎0134-22-3942／地圖p.42

小樽的日本酒和葡萄酒都非常美味！

總編輯小提示
初次造訪也能感受到的溫馨招呼最棒了!!

小樽運河總站是最適合休息的景點

北海道・葡萄酒中心位在小樽運河總站裡，這棟歷史悠久的建築物以前是舊三菱銀行小樽分行。總站裡也有販售北海道產葡萄酒的"小樽BINE運河店"、販售甜點Panju的"桑田屋"，以及販售冰淇淋善哉的"あまとう"，內用空間完善。開放時間為9:00～19:00，無休。

總編輯小提示
可以邊喝邊學習熱門的北海道產葡萄酒！

4 北海道・葡萄酒中心
ほっかいどう　わいんせんたー

可以參加一邊聽3種葡萄酒的說明，一邊用玻璃杯品嘗的「葡萄酒・品嘗大冒險」，不需預約。標準方案1080日圓；品質更佳且稀有的頂級方案為2160日圓。■10:00～18:00／週二、過年期間休／☎0134-64-5581／地圖p.47

6 酒商たかの小樽店

1樓是酒專賣店，2樓像"秘密酒廠"一般，採立飲形式先購買10張100日圓券=1000日圓的兌換券，並支付酒菜費300日圓之後，就可以進入擺放日本酒的冰箱。酒上皆貼有價格標籤。從老闆高野泰光先生所嚴選、來自全日本的地酒中選酒。■10:00～22:00／無休／☎0134-61-1955／地圖p.42

在運河周邊悠哉漫步很舒服！

GOAL
JR 小樽站

7　3分　6　8分　5　3分　4　5分

7 CAPTAIN'S BAR
キャプテンズ・バー

小樽歐森飯店中以船艙為意象的主酒吧。首席調酒師製作的究極高球雞尾酒以及使用當季蔬果的雞尾酒，宛如藝術作品，很適合喝一杯來為今晚的旅程畫上句點。■19:00～翌日1:00／無休☎0134-27-8100／地圖p.42

5 宜得利 小樽藝術村
にとり　おたるげいじゅつそん

於2016年開幕。建築物皆建於20世紀初期，有花窗玻璃美術館與新藝術玻璃館等。入館費3館通用為1500日圓（高中、大學生1100日圓、國中生以下免費）。2棟銀行建築於2017年秋天盛大開幕。■11～4月10:00～16:00、5～10月9:30～17:00（2月的「小樽雪燈之路」活動期間營業至21:00）／無休（11～4月週三休，逢假日則翌日休、1月1～2日休）☎0134-31-1033／地圖p.47

總編輯小提示
令人放鬆地忍不住發出「呼～」的聲音，療癒度200%的BAR

總編輯小提示
活用歷史悠久的建築，療癒心靈的藝術景點

北海道的王道伴手禮

不管選哪個都令人開心！最佳選擇

在北海道的伴手禮店，使用北海道產的優質小麥、紅豆、牛奶等材料製成的點心與甜點琳琅滿目。

煩惱要買哪一個也是種樂趣。

不管送誰都可以讓對方開心收下，經典的人氣伴手禮就是這個了！

來自帶廣

蘭姆葡萄奶油夾心餅乾［5入裝］ 650日圓

「六花亭」帶廣總店的人氣商品。餅乾裡夾著白巧克力與添加葡萄乾的奶油，味道濃厚卻吃不膩，是北海道的伴手禮代表。■六花亭☎0120-12-6666（8:30～19:00）

來自札幌

生巧克力［歐蕾］ 778日圓

混合大量北海道的鮮奶油。展現醇厚牛奶風味的正統派生巧克力，是擁有穩定人氣的伴手禮。■ROYCE'☎0120-373-612（8:00～22:00）

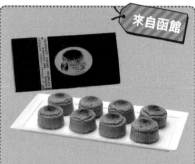

來自函館

起司歐姆蕾［8入裝］ 1296日圓

魅力在於彷彿半熟歐姆蛋般黏稠口感的起司蛋糕。使用大量北海道產的原料，不經冷凍，販售每天現烤的起司蛋糕。■PASTRY SNAFFLE'S☎0120-89-0609（9:30～17:30）

來自札幌

白色戀人［36片盒裝］ 2535日圓

用貓舌餅夾入白巧克力的「白色戀人」，是販售超過30年的長期暢銷經典甜點。也有黑巧克力夾心的款式。■石屋製菓☎0120-375-562（9:00～17:00）

注意SEICOMART的商品或自有品牌商品！

SEICOMART簡稱為"SECOMA"或"SEICOMA"，不僅對北海道人，對觀光客來說也早已是親近又方便的便利商店。例如像可樂的碳酸飲料「Guarana」、雪印惠乳的「Soft Katsugen」等只有北海道才能看到的商品外，自有品牌（PB）商品也很豐富。北海道限定商品也可以當作給親朋好友的獨特伴手禮。

來自旭川

木花＜迷你＞［24片裝］ 2000日圓

酥脆的杏仁餅與白巧克力的搭配絕妙，優雅的甜味在嘴中擴散。也有帶酸味的「草莓」以及值得深嘗的「巧克力」口味。■壺屋總本店☎0120-42-7248（9:00～17:00）

札幌

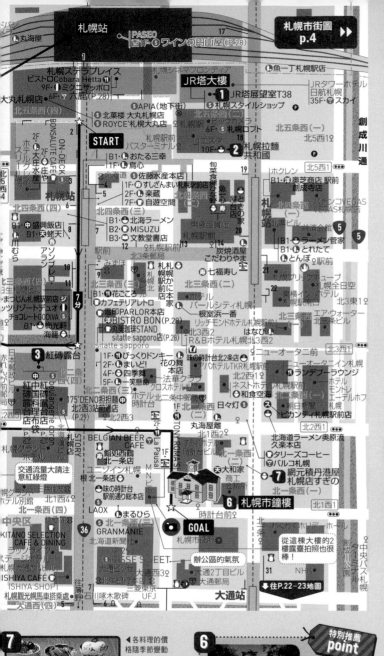

札幌站
PASEO
西1F・ワインの円山屋(P.28)

札幌市街圖 ▶▶
p.4

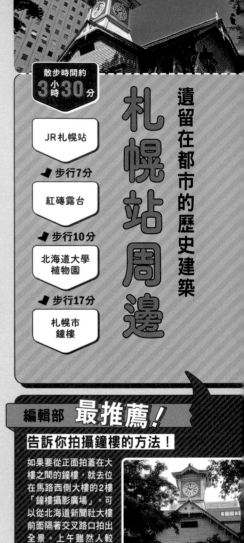

遺留在都市的歷史建築

札幌站周邊

散步時間約 **3**小時**30**分

JR札幌站
↓步行7分
紅磚露台
↓步行10分
北海道大學植物園
↓步行17分
札幌市鐘樓

編輯部 最推薦！

告訴你拍攝鐘樓的方法！

如果要從正面拍在大樓之間的鐘樓，就去位在馬路西側大樓的2樓「鐘樓攝影廣場」。可以從北海道新聞社大樓前面隔著交叉路口拍出全景。上午雖然人較少，但要順光拍攝則要等到下午。

7

▶各料理的價格隨季節變動

食材依進貨而異的主廚特選全餐很受歡迎

和食
網元積丹港屋 札幌店すぎの
あみもとしゃこたんみなとや さっぽろてんすぎの

春天吃螃蟹；秋天吃鮑魚；5〜9月中旬的海膽也不可錯過。海膽蓋飯午餐2800日圓〜。
■11:30〜13:00、17:00〜22:00/不定休/☎011-221-7999

6

特別推薦 **point**

◀1970（昭和45）年被指定為國家重要文化財

🖋 **札幌市鐘樓**
さっぽろしとけいだい

參觀 **40**分

不可錯過在這裡拍紀念照

建於1878（明治11）年，是象徵札幌的古老建築物。■8:45〜17:10/11月〜4月的第4個週一、過年期間休/入館費200日圓 ☎011-231-0838

1

◀不管從哪個方向都能欣賞札幌的都市景觀

白天晚上都能看見卓越美景的眺望景點

展望室
JR塔 展望室T38
じぇいあーるたわーてんぼうしつたわーすりーえいと

參觀 **30**分

高出地面160m，位於JR塔大樓最上層的展望室。眼前可以看見整片360度的大全景。
■10:00〜23:00（最後入場22:30）/無休/入場費720日圓/☎011-209-5500

2

▲重現昭和初期街景的美食公園。進去找找喜歡的店家吧

享用比較北海道各地的拉麵口味

札幌拉麵共和國

拉麵 **札幌拉麵共和國**
さっぽろらーめんきょうわこく

有8家來自札幌、旭川、函館等地的名店。也附設備齊北海道內各地知名拉麵的伴手禮店。■11:00～22:00（LO21:45）商品販售店至21:00／無休／☎011-209-5031

5

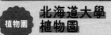

札幌中心令人意想不到的大自然

廣大占地上有開墾前茂盛的原生林

植物園 **北海道大學植物園**
ほっかいどうだいがくしょくぶつえん

參觀1小時

茂盛的植物園，有約4000種植物。園裡也有高山植物園與北方民族植物標本園等等。■9:00～16:30（有季節性變動）／週一休（冬季週日、假日休）／☎011-221-0066

建築物 **北海道廳舊本廳舍**
ほっかいどうちょうきゅうほんちょうしゃ

參觀30分

豪華的大建築，建築費用可與當時的鹿鳴館匹敵

4

1888（明治21）年以約250萬塊磚頭建造而成，豪華的構造無可匹敵。■廳舍內8:45～18:00、前庭7:00～21:00（12月～3月8:00開始）／過年期間休／入館免費／☎011-204-5019（週六、日、假日☎011-204-5000）

▲（左）建築物裡也有北海道立文書館（右）位在正面玄關的樓梯。裝飾豪華的扶手與鏤柱子引人注目。其中也有歷代的知事與長官辦公室

從這裡出發

▶

往札幌站…從新千歲機場搭乘JR快速「Airport號」最快36分、1070日圓。從小樽搭乘JR函館本線的快速車或各站停車的班次32～50分、640日圓。從函館搭乘JR特急「超級北斗號」最快3小時38分、8830日圓。從新函館北斗站搭同列車最快3小時20分、自由座8310日圓

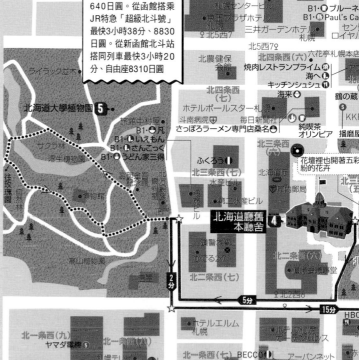

往新琴似、小樽

函館本線・札沼線

ライラック並木

北海道大學植物園 **5**

旅館中村屋
B1・⑥凡
B1・⑥いえもん
B1・⑥さんごっく
B1・⑥うどん家三得

サクラ林

湿生植物園

本部廳舍

博物館

高山植物園

温室

往薔薇園

白樺林

往P.16～17地圖

北六条西（七）

青年会館 サツエキBRIDGE
ホテル京阪札幌

sapporo55

JRイン札幌 紀伊國屋書店

北五条西（六） 北五条西（五）

北五条中間慶ビル

札幌センタービル

京王プラザホテル B1・⑥ブルーネン
B1・⑥Paul's Cafe

三井ガーデンホテル札幌 センチュ

北5西7◎ ロイヤルホテ

北農健保会館 北四条西（六） 六花亭札幌本店 アスティ4

焼肉レストランプライム
海へ◎
キッチンシュジュ◎ 海来◎

北四条西（七） 鶴の蔵◎

ホテルポールスター札幌 KKRホ

斗南病院 毎日新聞社 純喫茶オリンピア 播磨屋本店

さっぽろラーメン専門店桑名◎ 花壇裡也開著五彩繽紛的花卉

ふくろう

北三条西（七） 北海道庁 北三条西（五）

水産ビル 道庁内郵便局

第二水産ビル

北海道廳舊本廳舍 4

6分

道警本部

かでる2.7 北二条（六）

北二条（五）

北二条西（七） 農業会議所

北2西9◎

2分 5分 15分 HBCグリル

北一条西（九） ホテルエルム札幌 ホテ カー パレス 赤十字社 旭

ヤマダ電機 北一条西（七）

札幌テレビ CARP札幌ビル BECCO◎ アーバンネット 北栄楼（甜點）

北1西7◎ 北一条西（六） 北1西8 日本銀 福よし

札幌スクールオブ ミュージック専門学校 北1西8 北一条中郵便局 傑傑ジャパンビル 焼肉離宮◎ 農林中央

 Le Petit Boule Chocolatie Jacksonville

滋味の煮込み

舊北海道廳立圖書館的建築物

サッポロ大通公園  大通工 NTT コムウェア 札幌ビル

230

西七丁目通

エスタ ビル 大通西8 大通西（八）

大通公園 大通西（六） 大通西（五）

0 1:6,780 100m

往P.18～19地圖

開拓記念碑

氏の家

3

堅持使用北海道食材的咖啡廳與餐廳等等一應俱全

時尚的店家與知名店家齊全的札幌新名勝

複合施設 **紅磚露台**
あかれんが てらす

參觀50分

除了以蔬菜為傲的咖啡餐廳「CAFE YOSHIMI」，還有27家店鋪。5樓也有景觀藝廊。■營業時間視店鋪而異／元旦休／☎011-211-6200

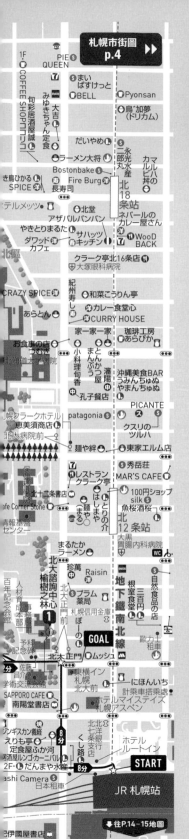

札幌市街圖
p.4 ▶▶

1F
COFFEE SHOP コリコ
旬彩酒屋誠 みゆきちゃん定食
PIE QUEEN
まいばすけっと
BELL
Pyonsan
大吉
鳥”加夢
（ドリカム）
だいやめ
ラーメン大将
Bostonbake
Fire Burg
長寿司
き鳥ひかる
SPICE
二永光丸水産
カマルビハ
北18条站
ホテルメッツ●
北堂
アザバルバンバン
やきとりまるた
ネパールの
カレー屋さん
サバッツ
キッチン
WooD
BACK
ダワッド
カフェ
北區
クラーク亭北16条店
大家眼科病院
紀州寿し
和菜こうりん亭
CRAZY SPICE
あらとん
カレー食堂心
CURRY HOUSE
家一家一家
珈琲工房
あらぴか
お食事の店
つわぶき
小料理旬香
まんぷくかっぽう屋
とんかつ
北海道大學病院
潘陽
沖縄美食BAR
うみんちゅぬ
やまんちゅぬ
孔子餐庁
PICANTE
幌クラークホテル
patagonia
クスリの
ツルハ
恵美須商店
北大病院前
麺や絆
東家エルム店
秀岳荘
MAR'S CAFE
100円ショップ
silk
魚桜酒店
レストラン
クラーク亭
北十二条書店
afe Corner Stone
とりの介
まる
北12条站
大腸胃内科病院
WC
まるたか
ラーメン
情報基盤
センター
珍璃
Raisin
ブラム
薬局
三百円
百年記念会館
自然食品の店
人材育成本部
北大正門前
百年記念館
フラム薬局
札幌信用金庫
地下鐵南北線
予種記念塔
GOAL
北大正門
歐力士租車
ムッシュ
佐藤
昌介
学術交流会館
SAPPORO CAFE
南陽堂書店
東横イン
札幌北大前
にほんいち
ホテルマイステイズ
札幌アスペン
計乗車搭乘處
ジンギスカン亭経
えりも亭
定食屋ジョイフル
酒処屋ルンゴ・カーニバル
2F・だんまや水産
北大北
七條銀行支店
くし路
北洋銀行支店
ホテル
ルートイン
ashi Camera
日本租車
START
函園屋書店

JR 札幌站

↓往P.14-15地圖

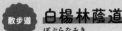

散步道 **白楊林蔭道**
ぽぷらなみき

散步 **20分**

> **舒適的散步路是北大的象徵**

100多年前，由林學系的學生所種植並成為校園名勝。雖然因颱風受損或自然死亡而數量減少，但也持續種植新的樹木。

▲從新綠的時期到秋天時分散步都很舒適的林蔭道路

頭像 **克拉克博士像**
くらーくぞう

> **北大前身札幌農學校的第一代校長**

威廉·史密斯·克拉克的胸像，他從美國來到日本，擔任札幌農學校的第一代校長，教授植物學與一般自然科學。比羊之丘的全身像還古老。

▲1926（大正15）年豎立的青銅製胸像

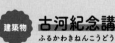

建築物 **古河紀念講堂**
ふるかわきねんこうどう

參觀 **10分**

> **保留寶貴建築風格的明治時期木造建築**

建於1909（明治42）年作為林學教室，為美國維多利亞式建築。中央設置了小塔等等，是明治後期的建築樣式，非常寶貴。

▲木造的白牆與綠色屋頂，外觀令人印象深刻

北大諮詢中心「榆樹之林」
ほくだいいんふぉめーしょんせんたー えるむのもり

進入正門即可抵達的玻璃建築。除了觀光導覽以外，也附設北大商品店與咖啡廳等等。

大學校園是一大景點!?

北大校園

散步時間約 **2小時30分**

札幌站
↓步行12分
克拉克博士像
↓步行22分
白楊林蔭道
↓步行55分
北大正門

編輯部 **最推薦！**

北方學生們的活力來源是？

可以接觸自然享受散步的北大，在校園裡散步之後，順便去中央食堂看看吧。所謂的「學生食堂」除了有名產生牛肉碎蓋飯以外，就連湯咖哩也有。要不要試著混進學生裡，沉浸在當地的氣氛!?

《 **方便的出租自行車**

札幌市區裡有一種叫做「Porocle」的自行車租借系統。可以從街上40處以上的Port租借，騎到任一處Port歸還，也有觀光客專用的1日票券（1080日圓）。可以至Porocle服務臺或在合作飯店等地辦理申請。在北大周邊移動時可以使用這個方便的服務。■7:30～21:00／僅5～10月營業／☎011-242-4696（Porocle服務臺）

可以盡情享用一流飯店的優質風味

輕鬆享用一流飯店的口味

餐廳 レストラン エルム

由札幌格蘭大飯店直營，最推薦的餐點是克拉克咖哩套餐1300日圓，是使用當季蔬菜的本格派洋食咖哩。■11:30～17:00／週六、日、假日休／☎011-726-7601

銀杏林蔭道
いちょうなみき

自北13条門綿延東西約380m，種植約70棵銀杏樹，秋天的景色是北大的必看美景。

札幌農學校第二農場
さっぽろのうがっこうだいにのうじょう

有北海道畜產發祥地之稱的設施。館內展示畜產研究的歷史與農具等資料。

中央草坪
ちゅうおうろーん

廣闊的綠地，還有サクシュコトニ川流過。春天可以賞花；夏天則能於樹蔭下乘涼。

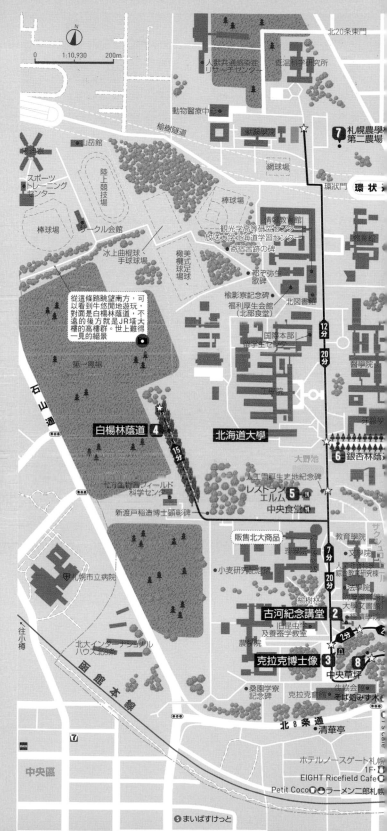

從這條路眺望南方，可以看到生悠閒地遊玩，對面是白楊林蔭道，不遠的後方就是JR塔大樓的高樓群。世上難得一見的絕景。

北海道大學

▲水果三明治600日圓~、炸肉餅三明治630日圓~

在園內吃，給人一種稍微豪華的遠足心情♪

咖啡廳 さえら

位在毗鄰大通公園的地下街中的咖啡廳。水果三明治、炸肉餅三明治很有人氣。
■10:00~19:00／週三休／☎011-221-4220

花之母子雕像
はなのははこぞう

岩見澤出身的雕刻家・山內壯夫的作品，表情溫柔的女性令人印象深刻。不僅在北海道可以看到山內先生的戶外雕刻，日本各地也都能看見。

都市正中央出現綠洲!?

大通公園①

散步時間約 **2小時00分**

- 大通站
- ↓ 步行7分
- 札幌電視塔
- ↓ 步行7分
- 石川啄木像・歌碑
- ↓ 步行11分
- 諮詢中心

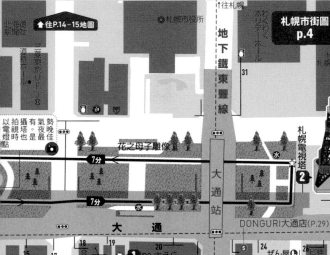

往札幌

◎札幌市役所

わくわくホリデーホール

地下鐵東豐線

札幌市街圖 p.4 ▶▶

北海道新聞社 道新ホール

三菱東京UFJ

NHK札幌放送局

以拍攝有氣勢電視塔時也是佳點。夜景最佳

花之母子雕像

7分

札幌電視塔 ②

7分

大通站

大 通

DONGURI大通店(P.29)

15　17　18　19　20　22　23　24　ぜん屋　26　往札幌
五十番　川札大通　七札幌觀光教會
1F丸井今井　Le trois
B3・さえら　AZUMA可否茶館
喫茶店　3F・LINER NOTES　7F・洋食食パル函館五島軒
北洋ビル　開拓屋　8F・ノイモンド オーガニックカフェ
NAPOLI　32　麻布茶房　33　梅の花　四疊半　八方　MARUMI COFFEE　Cafe BASTILLE
IKEUCHI GATE　SONY STORE　Majestic　大成御膳ビル　まいど！　札幌シャンテ　P

往P.22-23地圖

往豐水薄野

0　1:3,750　100m

編輯部 最推薦！

活用便利商店休息！

在大通公園散步時，若天氣好可以在長椅上舒服地休息，此外利用便利商店隔壁的超商內用區也很方便。可以買個飲料，一邊眺望公園一邊休息。

特別推薦 point

◀巨大冰雕雪像一字排開的會場，每日都晴得水洩不通

🖐 大通公園的活動①
札幌雪祭

象徵冬季札幌的一大活動

大通公園裡的巨大冰雕雪像一個接著一個，繽紛多彩的作品令人目不轉睛。
■舉辦期間為2月上旬開始約1星期／☎011-281-6400（札幌雪祭實行委員會）

特別推薦 point

🖐 玉蜀黍小車

單手拿著深受市民喜愛的當地口味，盡情享受豐富的自然

名產「玉蜀黍小車」（預計4月25日~10月13日）是販售烤玉米和水煮玉米的攤販，不僅觀光客，也有很多札幌市民會購買。此外，7月下旬開始也會有這個時節才能品嘗到的「生玉米」登場，是又甜又軟的珍貴玉米。噴水池前的玉蜀黍小車，也有販賣半玉米半馬鈴薯，可以吃到兩種口味的「玉米套餐」。

◀不管「烤的」、「水煮」、「生的」都好吃！

③ 札幌觀光幌馬車
馬車 さっぽろかんこうほろばしゃ

▶由輓曳賽馬退休的馬來拉馬車※雨天中止

可以飽享市內景點的優雅馬車之旅

周遊 50分

繞行鐘樓與北海道廳舊本廳舍的50分鐘路線。■4月底～11月上旬／10:00～16:00的每小時（9月至15:00）／週三休／2樓座位2200日圓☎011-512-9377

② 札幌電視塔
さっぽろてれびとう

參觀 40分

從展望台眺望遙遠的山脈是絕佳美景

聳立在大通公園東端，高度147.2m的電波塔。從高出地面90m的展望台可以眺望棋盤格狀的整齊札幌街景，以及大倉山、藻岩山等等。此外，3樓的SKY Lounge也有豐富的洋食餐廳、伴手禮店等等。
■9:00～22:00（冬季9:30～21:30）／不定休／入場費720日圓（展望台）☎011-241-1131

▶展望台樓層也有「電視爸爸神社」

特別推薦 **point**

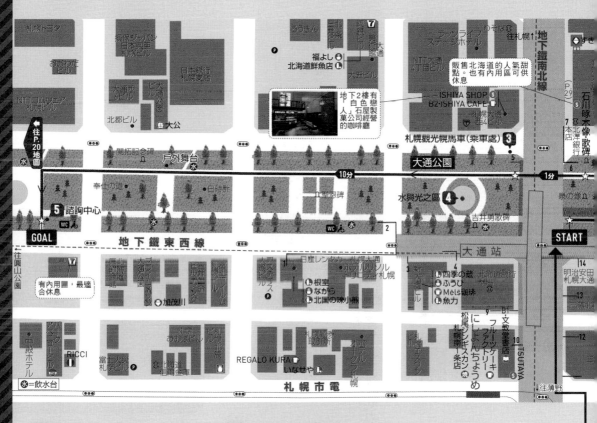

地下2樓有「白色戀人」石屋製菓公司經營的咖啡廳

販售北海道的人氣甜點。也有內用區可供休息

ISHIYA SHOP
B2·ISHIYA CAFE

札幌觀光幌馬車（乘車處） ③

大通公園

10分

1分

水與光之區 ④

START

大通站

GOAL

地下鐵東西線

⑤ 諮詢中心

有內用區，最�催合休息

往圓山公園

水=飲水台

④ 水與光之區
散步地點 みずとひかりのぞーん

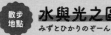

▶花圃盛開楚楚可憐的花朵，此時期來散步也很舒適

拍一張紀念碑或電視塔的紀念照

夾著站前通的兩側有兩座大噴水池，一整年這裡都是最熱鬧的區域。從春季到夏季，花圃開滿了五彩繽紛的花卉，可以開心散步。

⑤ 諮詢中心
導覽處 インフォメーションセンター

▶大約位於東西延伸的公園中央，有小巧潔淨的諮詢中心

也能取得當季活動與開花的情報！

除了擺放大通公園的介紹手冊以外，也販賣原創商品等物品的導覽處。有什麼想知道的就順路來這裡吧。
■10:00～16:00

從這裡出發

往大通站…搭乘地下鐵南北線從札幌站2分、200日圓、從8號出口到地面

19

大通公園的活動② 秋季豐收節

集結當地美食！盡情品嘗北海道的滋味

時間從9月中旬開始約3週，使用整座大通公園舉辦的大型活動。從北海道所有地區集結農產品與海產，由熟悉食材的生產者或廚師大展手藝。此外，也有北海道的人氣拉麵店擺攤，販賣北海道產的葡萄酒、啤酒、日本酒的攤位也很豐富。■舉辦期間為9月中旬起約3週／☎011-281-6400（札幌觀光協會）

▶也有北海道人氣拉麵店的攤位。這是秋天的熱門活動，每年來參加的人越來越多

飽覽四季 **大通公園②**

散步時間約 **2小時30分**

諮詢中心（從p.19開始）
↓步行5分
游水路・滑梯
↓步行10分
札幌市資料館
↓步行5分
西11丁目站

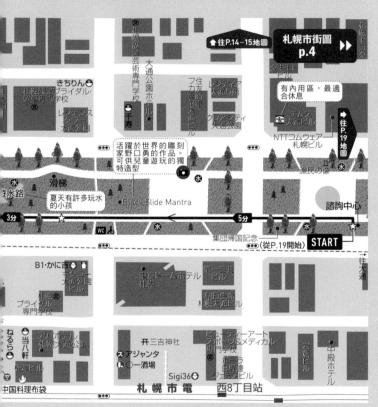

往P.14-15地圖
札幌市街圖 p.4▶▶
有內用區，最適合休息

活躍於世界的雕刻家野口勇的作品。可供兒童遊玩的獨特造型

Black Slide Mantra

夏天有許多玩水的小孩

諮詢中心

集團歸國記念 （從P.19開始）　START

札幌市電　西8丁目站

編輯部 最推薦！

那個，烤雞肉串罐頭的畫是!?

以HOTEI的烤雞肉串罐頭而聞名的大場比呂司先生。資料館的展示「歐洲畫筆之旅」中，也可以看見他所書寫的料理食材與做法。看到熟悉的筆跡，是不是讓你肚子餓了呢？

大通公園誕生的故事

明治初期，當時的開拓使判官島義勇打造札幌的街道時，即構思以棋盤格狀劃分街區。東西的基本軸心是創成川；而南北的基本軸心則訂為後志通，也就是後來的大通公園。之後，分成北方官廳區與南方住宅區，而作為大規模防火線的大通公園就此誕生。從那時開始，開拓使就在公園裡種植西洋植物，後來也繼承他的理念，如今園內仍有許多花圃。

遊水路・滑梯
ゆうすいろ・ぷれいすろーぷ

有許多遊樂設施，非常受小孩歡迎的區域。遊水路只要一到夏天，就會充滿兒童的嬉戲聲音，熱鬧非凡。世界級雕刻家野口勇製作的Black Slide Mantra是獨一無二的作品。

建築物 札幌市資料館
さっぽろししりょうかん

參觀
1小時

登錄為國家有形文化財的
歷史建築

◀部分紀念室重
現大場先生的工
作室

展示出身札幌的
人氣漫畫家的
作品

建於1926（大正15）
年，原為札幌上訴院（相
當於現在的高等法院）。
館內設有復原上訴院時代
的法庭「刑事法庭展示
室」等等的常設展示室。
■9:00～19:00／週一休
（逢假日則翌日休）／☎
011-251-0731

參觀
設施

大場比呂司
紀念室
おおばひろしきねんしつ

參觀
30分

漫畫家大場比呂司的作品展示室位在札幌
市資料館1樓。作品特徵是帶著溫情的風格。
■9:00～19:00／週一休（逢假日則翌日休）
／免費☎011-251-0731（札幌市資料館）

▲刻有上訴院時代遺跡的建築物

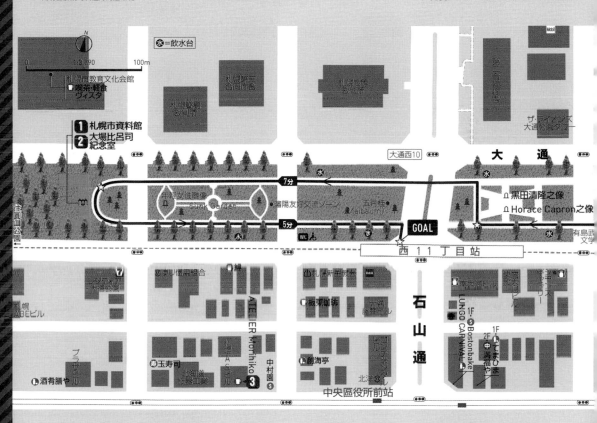

▲部分紀念室重現大場先生的工作室

特別推薦
point

◀淡紫色的花散發
出甘甜的香氣，丁
香的最佳觀賞時間
是5月下旬

👉 邊走邊欣賞各季節
盛開的花草

在大通公園散步，從春季到初夏可以
看見盛開的杜鵑、玫瑰、丁香等等。此
外，每季替換種植的花圃也值得一看，
花草的演出讓散步更開心。

Horace
Capron之像
ほーれす・けぷろんのぞう

辭去美國的農業部長職
務，為了開墾北海道而來
到日本。對振興農業與畜
牧業特別有貢獻。

黑田清隆之像
くろだきよたかのぞう

薩摩藩士，參加過鳥羽
伏見之戰等戰役。明治以
後成為開拓使長官，盡力
振興北海道殖產事業。

◀可以盡情享用
各種滋味與香氣
的閒靜咖啡廳

適合搭配咖啡的
甜點帶溫和甜味
也是絕品

咖啡廳 ATELIER Morihiko

アトリエ・モリヒコ

市營電車在眼前奔馳而過，咖啡廳位於大
樓群中的一隅。甜味溫和的鮮奶油、水果
製成的甜點三明治、咖啡套餐680日圓。
■11:00～21:30LO／無休／☎011-231-4883

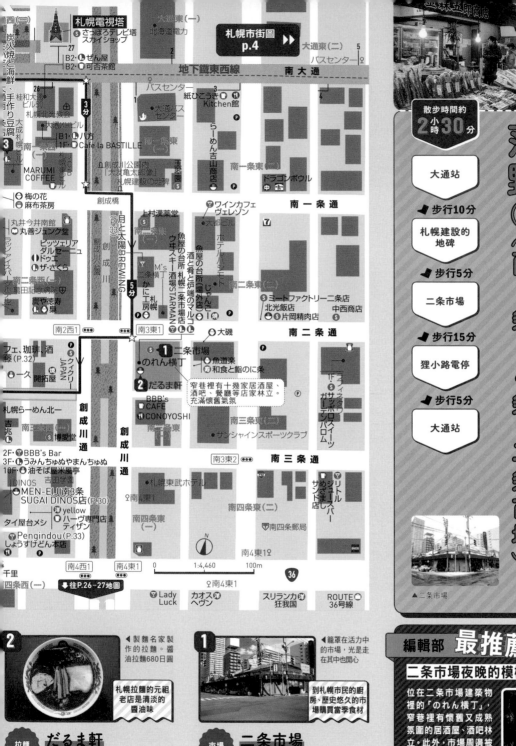

札幌電視塔
さっぽろテレビ塔
スカイショップ

大樹東（一）
北海道電力

札幌市街圖 ▶▶ p.4

大通東（二）
5
バスセンター

B2・Ⓛぜん屋
B2・Ⓛ可否茶館

地下鐵東西線　　南大通

炭火燒火海鮮お手作り豆腐

バスセンター

紙ひこうき
Kitchen館

大通バスセンター

らーめん吉山商店

桂和大通ビル①

3分

札幌北救世

大通KHビル

ドラゴンボウル

大成札幌南

B1・Ⓛ八方
1F・ⓁCafe la BASTILLE

MARUMI
COFFEE

創成川公園內
「大友亀太郎像」
札幌建設の地碑

玉葱園
中

南一条東

梅の花
麻布茶房

上村漢薬堂

ワインカフェ
ヴェルゾン

南一条通

丸井今井南館

月と太陽
BREWING

大都ビル

南一条東

Ⓛ丸善ジュンク堂

ピッツェリア
ダルセーニュ
Ⓛドゥエ
Ⓛザ・さくら

南二条西

創成川公園

魚屋の台所
札幌二条市場店
ウオヤスイサン
酒と肴と洋肴のマルコ

M's
一条横丁
かに工房札幌

STARMAN

ホテルルミエ

南二条東（二）

ミートファクトリー二条店
北光飯店　　中西商店
Ⓢ片岡精肉店

南二条通

富田記念病院

炭や徳寿
Ⓛ巣

南2西1

南3東1

Ⓛ大磯

フェ・珈琲・酒藤（P.32）

クイクリJAPAN
開拓屋

Ⓢ①二条市場
Ⓛのれん横丁

魚道楽

和食と鮨のに条

ⒼⓁサッポロスイーツガーデンパロム

札幌らーめん北一

吉兆

南三条西

博多堂

②Ⓛだるま軒

BBB's
CAFE
ⒸONOYOSHI

南三条東

創成川通

創成川通

南3東2

2F・ⒼBBB's Bar
3F・Ⓛうみんちゅめやまんちゅめ
10F・Ⓛ油そば屋米風亭

DINOS
吉田学園

ⓁMEN-EIJI南3条
SUGAI DINOS店（P.30）

サンシャインスポーツクラブ

南三条通

札幌東武ホテル

リトルジュースバー
サンド店

タイ屋台メシ

Ⓛyellow

ハーヴ専門店
ティザン

ⓁPengindou（P.33）
しょうすけどん本店

南東1

南四条東（二）
南四条東（一）

Ⓣ南四条郵局

N

南4西1

南4東1

0　　　　1:4,460　　　100m

36

千里

四条西（一）

→往P.26-27地圖

南4東1

ⓎLady
Luck

カオス
ヘヴン

スリランカ狂我国

ROUTE
36号線

右側サイドバー（縦書き）

充滿活力的不夜城

薄野①〈南1条～4条・二条市場〉

散步時間約
2小時30分

大通站
↓步行10分
札幌建設的地碑
↓步行5分
二条市場
↓步行15分
狸小路電停
↓步行5分
大通站

▲二条市場

編輯部　最推薦！

二条市場夜晚的模樣是？

位在二条市場建築物裡的「のれん横丁」，窄巷裡有懷舊又成熟氛圍的居酒屋、酒吧林立。此外，市場周邊被稱為創成川EAST的區域，也有許多隱密的餐廳。

底部說明

2

◀製麵名家製作的拉麵。醬油拉麵680日圓

札幌拉麵的元祖老店是清淡的醬油味

拉麵　**だるま軒**
だるまけん

創業超過60年的老鋪拉麵店之一。自製的麵十分堅持講究。雞骨為主要湯頭的醬油味拉麵很有人氣。■11:00～17:00（材料售完打烊）／週四休／☎011-251-8224

1

◀籠罩在活力中的市場，光是走在其中也開心

到札幌市民的廚房、歷史悠久的市場購買當季食材

市場　**二条市場**
にじょういちば

市場裡擠了約50家零售店。店家競相叫價的毛蟹是人氣伴手禮。■7:00～18:00（營業時間、定休日視店鋪而異）／☎011-222-5308

のれん横丁

窄巷裡有十幾家居酒屋、酒吧、鬢麗等店家林立。充滿懷舊氣氛。

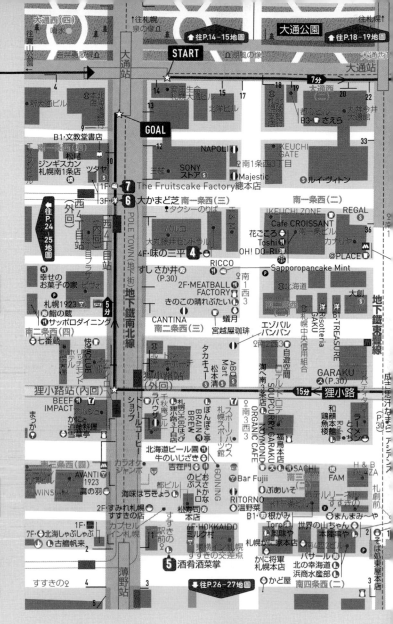

往札幌↑

大通西(四)

往圓山公園↑

泉の噴水 ↑往札幌

大通公園

◀往P.14～15地圖

往P.18～19地圖▶

從這裡出發

往大通站…搭乘地下鐵南北線從札幌站2分、200日圓、從14號出口到地面

START

湖風の像

大通站

安田生命

大通西1

大通站

7分

大通西

B3 さえら

新大通西ビル

北洋ビル

都心ビル

丸井今井大通館

B1·文教堂書店

松尾

ジンギスカン札幌南1条店

ツタヤ

GOAL

NAPOLI

IKEUCHI GATE

南1条西3丁目

33

三越

SONY ストア

Majestic

ルイ・ヴィトン

1F 洋

3F 洋

7 The Fruitscake Factory總本店

6 大かまど芝 南一条西(三)

POLE TOWN 地下街

往P.24～25地圖

西4丁目站

西4丁目站

タクシーのりば

パルコ

大丸藤井セントラル

4F·味の三平

南一条西(二)

IKEUCHIZONE

REGAL

Cafe CROISSANT

南一条ビル

花ごころ

OH! DO-RI!

@PLACE

Toshi

カウリヤ

RICCO

Sapporopancake Mint

すしさか井(P.30)

2F·MEATBALL FACTORY

南1西3

北海道

大創

幸せのお菓子の家

ピヴォ

札幌1923

鮨の蔵

サッポロダイニング

地下鐵南北線

きのこの晴ぶたい

蟻月

Risotteria GAKU

エゾバルバンバン

洋

洋

TREASURE

CANTINA

南二条西(三)

宮越屋珈琲

蟻月

南2西3

北海道中央信用組合

GARAKU (P.30)

七番蔵

南二条西(四)

自遊空間

狸小路站(內回)

タカキュー

松本清

ABOS Mart

ORGANIC CAFE

15分

狸小路

狸小路站(外回)

成吉思汗なまら(P.30)

地下鐵東豊線

BEEF IMPACT

千秋庵本店

SOUPCURRY GARAKU

NOYMOND

鶏頭魚糸樓麵

ラーメンとぐろ

かに道楽料理

雪華亭

ぽんぽた

札幌スポーツ館

福鳥本店

ORGANIC CAFE

AVANTI 1923

WINS札幌

腐の羽

北海道ビール園牛のいじ8さき

GOINING

Bar Fujii

SACHI

FAM

H&B PLAZA

札劇前

カラオケジャンボ

都ビル

びおら

ポスト

ぽ

さ

RITORNO

ふぁいそ

B1·根がみ

まんまみ～や

すすきの1

2F·すみれ札幌すすきの店

海味はちきょう

温野菜

世界の山ちゃん

Toro

4F·HOKKAIDO ミルク村

1F·北海しゃぶしゃぶ

7F·北海

古艪帆来

東横イン札幌

5 酒肴酒菜掌

すすきの交差点

風味や

北の幸海道

浜商水産部

かに将軍札幌本店

バサール

北のグルメ亭南四条西2丁目

そば処東屋本店

すすきの♀

薄野站

往P.26～27地圖

かど屋

南四条西(二)

7

◀經典的草莓塔570日圓，也有販售完整的草莓塔5700日圓

堆滿水果的完整水果塔很壯觀

The Fruitscake Factory 總本店

甜點&咖啡廳

ふるーつけーきふぁくとりーそうほんてん

人氣商品是當季的水果塔。使用的草莓特別講究。可以訂購送至日本各地。也可以內用。

■10:30～21:00／無休／☎011-251-0311

6

◀漢堡排套餐1320日圓

特製炭烤的漢堡排與鬆軟的白飯

大かまど芝

洋食

おおかまどしば

使用北海道產米，並以大灶炊飯，搭配用備長炭燒烤而成的漢堡排是店家的招牌菜。

■11:00～22:00（午餐時間至17:00）／無休／☎011-251-0312

5

◀真鶴場蟹爐燒2300日圓

把海鮮當下酒菜輕鬆喝一杯北海道當地產的酒

酒肴酒菜掌

居酒屋

しゅこうしゅさいてのひら

備有活烏賊專用的魚缸等，可以品嘗新鮮送達的海鮮。■17:30～翌日1:00（週五、六、假日前日至翌日2:00、週日、假日為17:00～翌日0:00）／無休／☎011-241-5005

4

◀這就是味噌拉麵的始祖850日圓

成熟的細麵與鹹味十足的特製湯頭

味の三平

拉麵

あじのさんぺい

據說是味噌拉麵發祥店的老舖。花費一星期發酵的麵條相當順口，搭配的湯頭也非常出色。

■11:00～18:30左右／週一、第2個週二休／☎011-231-0377

3

◀焦點菜色是每日替換的豪爽海鮮船980日圓！

不愧是札幌！的物美價廉店家

炭火燒と海鮮、手作り豆腐まいど！ 大通南1条店

居酒屋

すみびやきとかいせんてづくりとうふ　まいど！　おおどおりみなみいちじょうてん

總之就是能用合理的價格品嘗新鮮海產的海鮮居酒屋，可以輕鬆前往。■16:00～23:00／無休／☎011-200-9117

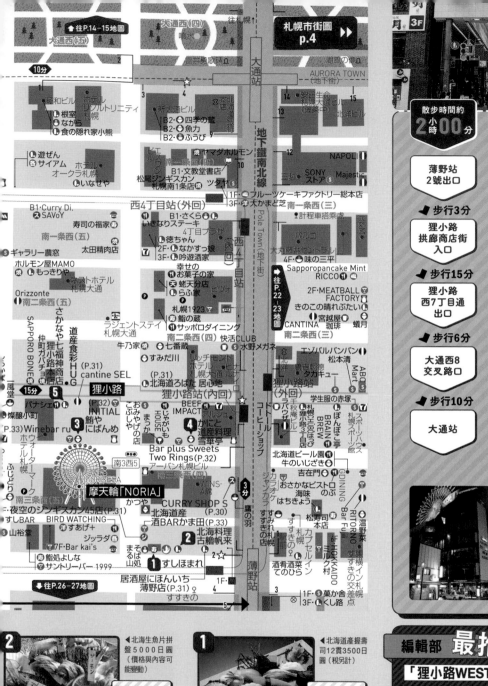

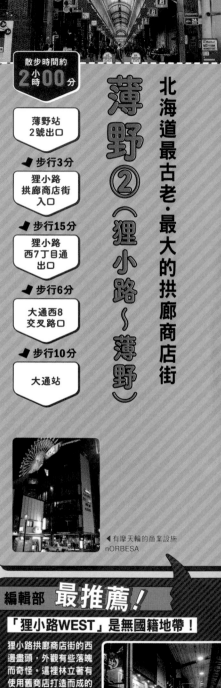

北海道最古老・最大的拱廊商店街

薄野②〈狸小路～薄野〉

散步時間約 **2小時00分**

薄野站 2號出口
↓步行3分
狸小路拱廊商店街入口
↓步行15分
狸小路西7丁目通出口
↓步行6分
大通西8交叉路口
↓步行10分
大通站

◀有摩天輪的商業設施 nORBESA

編輯部 最推薦！

「狸小路WEST」是無國籍地帶！

狸小路拱廊商店街的西邊盡頭，外觀有些落魄而奇怪。這裡林立著有使用舊商店打造而成的咖啡廳、酒吧、餐廳，以及蒙古烤肉店等等，在當地也是相當受到喜愛的美食區。

◀北海生魚片拼盤5000日圓（價格與內容可能變動）

羅列北海道的佳餚，也大受當地人歡迎的居酒屋

②

居酒屋 北海料理 古艪帆來
ほっかいどうりょうり ころぼっくる

可以盡情享受來自北海道各地產地直送的當季海鮮、蔬菜，以及北海道產的肉等等。也有包廂，可和家人一同享用。■15:00～23:30（週五、六至翌日0:30）／無休☎011-241-4646

◀北海道產握壽司12貫3500日圓（稅另計）

壽司材料豐富，還有日本各地產的酒可以挑選

①

壽司 すしほまれ

不僅供應握壽司，也有蓋飯、海鮮散壽司，以及螃蟹料理等等，可以品嘗北海道豐富的海鮮。■12:00～15:00、16:00～0:00／不定休☎011-207-0055

◀chicken & vegetable 1000日圓（湯：EPILOGUE）

使用35種香料&香草

湯咖哩 **Bem Bera Network Company**
ベンベラ・ネットワークカンパニー

有7種辣度可選擇的印尼風湯咖哩。■11:45～15:00LO、17:30～21:30（21:00LO），湯售完打烊／不定休／☎011-231-5213

◀蒙古烤肉一人份700日圓。可搭配蒜泥享用

用陶爐烤羊肉拼盤

蒙古烤肉 **ジンギスカン アルコ**

ㄇ字型的吧檯座位排列著陶爐。使用生羊肉，拼盤有腿肉、肩里肌肉、里肌肉和五花肉。■17:00～22:00（週日、假日至21:00）／週一休／☎011-221-7923

◀花園丸子也可以在品茶空間享用

持續受到當地民眾喜愛的傳統花園丸子

甜品 **札幌新倉屋**
さっぽろにいくらや

甜點老店，以「花園丸子」聞名。有醬油、芝麻、黑餡、茶餡、白餡五種口味，1串97日圓。也有奶油善哉（630日圓）等等。■9:00～19:30／無休／☎011-281-5191

◀烤製新鮮的海鮮&蔬菜

用備長炭烤出來的香氣令人目眩神迷

地爐燒烤 **さかなや七福神商店 狸小路本店**
さかなやしちふくじんしょうてん たぬきこうじほんてん

自己烤新鮮的山珍海味來吃的方式很受歡迎。用備長炭的地爐烤貝類很特別，也有生魚片和握壽司等等。■16:00～24:00（23:00LO）／過年期間休／☎011-219-2501

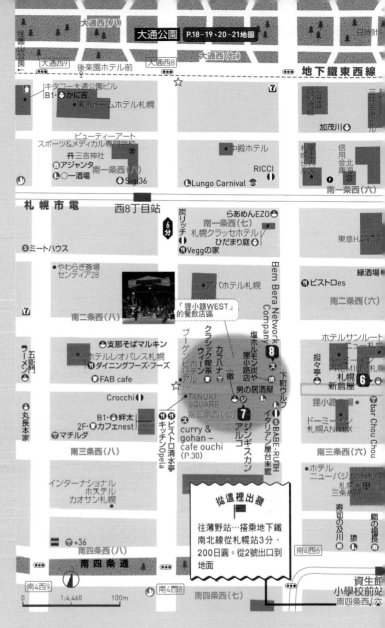

從道裡出發

往薄野站…搭乘地下鐵南北線從札幌站3分、200日圓。從2號出口到地面

◀除了全餐以外，也有豐富的單點菜色

全都是包廂，可以不用在意旁人大口享用

螃蟹料理 **かにと道産料理 雪華亭**
かにとどうさんりょうり せっかてい

全餐料理除了共6道菜的「小雪」6500日圓、共10道菜的「水林」12500日圓以外還有5種全餐。■11:30～14:00（午餐為前一天預約制）、17:00～23:00／無休／☎011-251-1366

◀除了全餐以外，也有豐富的單品料理與酒類

對鮪魚了解透徹是專賣店的驕傲

鮪魚料理 **鮪やにばんめ**
まぐろやにばんめ

札幌很稀有的鮪魚料理專賣店。「本鮪魚腹肉涮涮鍋全餐」10800日圓～，是使用大腹肉的人氣菜色。■17:00～22:00LO／週日、假日休／☎011-251-0500

8

◀大條的鮯魚 1296日圓

直通地下鐵車站！交通非常方便的海鮮居酒屋

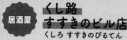

居酒屋 **くし路 すすきのビル店**
くしろ すすきのびるてん

可以用便宜價格品嘗新鮮的海產。除了鮯魚、鱈場蟹、喜知次魚等烤魚以外，生魚片等料理也很好吃。■17:00～11:30／無休／☎011-533-1717

9

◀焙煎味噌拉麵 850日圓很受歡迎。※價格可能變動

有蒜香的新款味噌拉麵

拉麵 **さっぽろ焙煎らーめん みのや**
さっぽろばいせんらーめん みのや

混合蒜、絞肉、紅味噌等材料烘烤而成的味噌，搭配豬骨為底的白湯湯頭。■11:30～翌日3:00（週五、六至翌日5:00、週日、假日至翌日1:00）／無休／☎011-532-8308

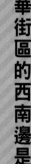

散步時間約
2小時**00**分

薄野站
4號出口

↓步行6分

南6西4
交叉路口

↓步行7分

南6西7
交叉路口

↓步行6分

南4西6
交叉路口

↓步行7分

薄野站

繁華街區的西南邊是餐飲店王國

薄野③（南4条～7条）

南四条西（二）　　3　南4西1　　　南4東1　**36**　南4東1

9 さっぽろ焙煎らーめん みのや

メルキュールホテル札幌　アパホテル札幌すすきの駅前　ダイワロイネットホテル札幌すすきの

活食 隱れ酒蔵 かけはし總本店(P.31)

スッポン屋　苫小牧信用金庫

寅昌　樂ます　田畑鮟鱇

南五条西（一）　南五条東（一）　おかげさまで　Lady Luck　ビリケン食堂　micci's　カオスヘブン　北光園　南五条東（二）

かに料理の店 氷雪の門　南五条西（一）　ホテルロンシャンサッポロ

らーめん天柳　▼Sappo Lodge

痛快食堂　オークラビル　南光園　豊水薄野站　モンスリーレオパレスフラット札幌　南六条東（一）　南六条東（二）

古典家　焼肉世界チャンピオン札幌ススキノ本店　味覚園札幌チャンピオン本店　卍新善光寺(P.36)　札幌すすきの里交流館　南6西1

スーパーホテル札幌　ホテルワイトイン　卍中央寺(P.37)

南六条西（一）　南6西1　南7東1

アパホテル札幌すすきの　南七条東（一）

可以享受懷舊散步的鴨川沿岸(P.36)

豊水総合メディカルクリニック　卍永照寺

南七条西（二）　南七条西（一）　南七条東（二）　パークゴルフ場

札幌市街圖 p.4 ▶▶

N　0　1:4,960　100m

往札幌↑　往福住↓

2

握壽司「櫻花」2500日圓（稅另計）▶

物美價廉，可以在吧檯座享用的壽司

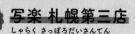

壽司 **写楽 札幌第三店**
しゃらく さっぽろだいさんてん

由連鎖店「壽司田」經營，提供良心價格的壽司。店內部分重新裝修，氣氛寧靜。■17:30～翌日2:00（週五六～翌日3:00）週日休／☎011-532-0145

1

◀味噌拉麵870日圓

排隊也接受！非常講究口味的味噌拉麵

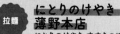

拉麵 **にとりのけやき 薄野本店**
にとりのけやき すすきのほんてん

用豬大骨、背部脂肪、雞、數種蔬菜為原料，費時10小時提煉出的湯頭是絕品。■10:30～翌日4:00（週日、假日至翌日3:00）／無休／☎011-552-4601

編輯部 最推薦！

站著吃道地的壽司

立食壽司店近幾年在薄野變多了，而編輯部推薦的店是「祭壽司」。可以用便宜的價格吃到巨大的扇貝、鰤魚等等北海道才有的食材。■17:00～22:00／週六～週一休／☎011-207-4010

蒙古烤肉 成吉思汗だるま本店
じんぎすかんだるまほんてん

⑥

清爽的蒙古烤肉

1954（昭和29）年創業的老店。用陶爐的炭火烤生羊肉。醤油為底的烤肉醤是創業以來不變的口味。■17:00～翌日3:00／過年期間休／☎011-552-6013

▲蒙古烤肉一人份785日圓（税另計）

⑦

◀握壽司一份
1300日圓～

較大的壽司用料與白飯，讓肚子也大滿足的壽司

壽司 三好寿し
みよしずし

根據不同季節，會有鰈魚、鮋魚、大瀧六線魚等等，菜單上也有喜歡釣魚的老闆親自釣的魚。■18:00～翌日3:30／週日休／011-512-9731

◀象徵夜晚薄野的NIKKA看板

從這裡出發

往薄野站…搭乘地下鐵南北線從札幌站3分，200日圓。從5號出口到地面

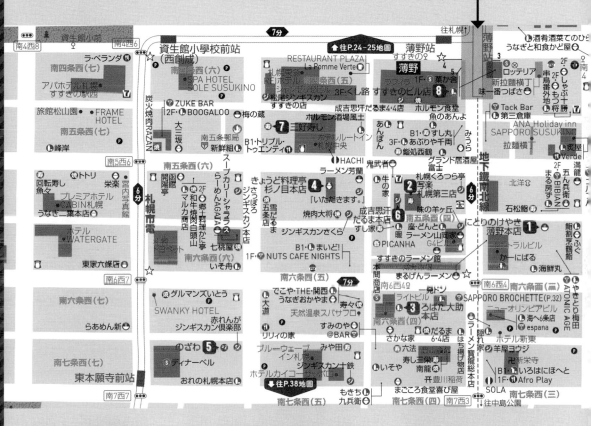

⑤

◀生羔羊蒙古烤肉一人份650日圓

多汁的肉和清爽烤肉醤很搭

蒙古烤肉 のざわ

使用肩里肌的蒙古烤肉店。烤肉醤以少蒜的醤油為底。冬天也能嘗到「北海道鹿排」。■18:00～肉售完打烊／週日不定休／☎011-533-9388

④

◀品嘗北海道螃蟹的「蟹宴席」也很受歡迎

別具風格的店內也備有設計講究的包廂

郷土料理 きょうど料理亭 杉ノ目本店
きょうどりょうりてい すぎのめほんてん

所有全餐都附毛蟹的郷土宴席料理7560日圓～（服務費另計）。「海水海膽」等單品料理也很受歡迎。■17:00～23:00／週日、假日休（連續假日可能變動）☎011-521-0888

③

◀生魚片一人份2000日圓～、燙活毛蟹4430日圓～

直接採購北海道產食材！品嘗當季美味

居酒屋 ろばた大助 本店
ろばたおおすけ ほんてん

店老闆到北海道各地奔走，向漁夫直接採購新鮮海產。有鮭魚、柳葉魚等，可以配日本酒或燒酒享用。■17:00～0:00為止／無休／☎011-520-4333

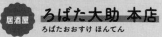

立刻想去大啖的札幌美食

札幌100 miles總編輯推薦

札幌～大通周邊的話題店家

也深受當地人支持，當季美食豐富多彩！

使用"池田牛"的
多汁炸肉餅！

③ BISTRO BON
【法式小餐館】

完整使用道東・十勝、池田町的品牌牛・池田牛，而且還使用該城市的特產十勝葡萄酒搾汁後的果渣等材料，製成極盡奢侈的炸肉餅。才開業沒多久，就非常受當地人歡迎。午餐、晚餐皆可用餐。

桶裝生葡萄酒的新鮮感
令人受不了！

① ワインの円山屋
【葡萄酒店】

堅持自然派葡萄酒的葡萄酒店。賣點是日本第一家可以現場品嘗稀有的北海道產桶裝生葡萄酒。1杯500日圓〜。也販賣義大利起司師傅使用北海道產牛奶製作的Fattoria Bio Hokkaido起司。

使用優質的咖啡與牛奶
製作的霜淇淋必吃！

④ 丸美珈琲STAND sitatte sapporo店【咖啡站】

由曾獲咖啡世界大賽獎項的烘焙師開的外帶咖啡店。咖啡就不用說了，使用乳脂肪含量4％以上的牛奶製成的霜淇淋也很受歡迎。有牛奶・拿鐵咖啡、丸美珈琲創製特製咖啡霜淇淋（各380日圓）。

直通車站！
滿滿的北海道產食材！

② 六鹿
【餐酒館】

香腸與起司等菜色名稱的旁邊，記載著比「北海道產」更詳細的市町村名字，一眼就能明白店家對北海道產食材用情頗深。無午休時間，從中午就能享受北海道產葡萄酒與精釀啤酒等等是其一大魅力。

札幌100 miles是什麼

▲Mika Osanai
小姐

主題為北海道的「美」與「食」，發布"充實"流行趨勢的觀光網站。總編輯Mika Osanai小姐，以札幌市內為主，實際訪店品嘗，每天在總編輯部落格「Mika Osanai的碎碎念」發布第一手消息。
札幌100 miles
http://sapporo.100miles.jp/
總編輯部落格
http://sapporo.100miles.jp/mikaosanai/

左側列表

❶ ワインの円山屋
わいんのまるやまや

札幌站周邊／p.14

10:00～22:00／無休（同設施定休日）／☎011-213-5664

❷ 六鹿
むじか

札幌站周邊／p.14

11:00～23:00／無休（同設施定休日）／☎011-209-5270

❸ BISTRO BON
びすとろぼん

札幌站周邊／p.14

11:00～15:00（14:30LO）、17:00～23:30／無休（同大樓停業日）／☎011-211-4158

❹ 丸美珈琲 STAND sitatte sapporo 店
まるみこーひーすたんどしたってさっぽろてん

札幌站周邊／p.14

7:30～20:00／無休（同大樓停業日）／☎011-596-7133

❺ boulangerie coron 紅磚露台店
ぷーらんじぇりーころんあかれんがてらすてん

札幌站周邊／p.14

8:00～20:00／不定休（同大樓停業日）☎011-211-8811

❻ 中国料理 布袋 紅磚露台店
ちゅうかりょうりほていあかれんがてらすてん

札幌站周邊／p.14

11:00～15:00、17:00～23:00（22:30LO）／不定休（同大樓停業日）☎011-206-4101

❼ 175°DENO担担麺 北2西3 站前通店
ひゃくななじゅうごどのたんたんめんきたにしさんえきまえどおりてん

札幌站周邊／p.14

11:30～15:00LO、17:30～21:00LO（週六、假日11:30～16:00LO）／週日休☎011-211-4157

❽ BISSE SWEET
ビッセスイーツ

大通公園①／p.19

10:00～20:00（KINOTOYA 8:00～21:00）／元旦休（同大樓停業日）

❾ DONGURI 大通店
どんぐり　おおどおりてん

大通公園①／p.18

10:30～21:00／無休（同大樓停業日）／☎011-210-5252

右側內容

在札幌的中心區品嘗北海道各地的名產甜點！

❽ BISSE SWEET
【甜點店】

札幌的KINOTOYA、月寒紅豆麵包、江別的町村農場、伊達的Bocca、函館的SNAFFLE'S，把這些北海道的甜點齊聚一堂，是頗受當地喜愛甜食的人好評的設施。推薦商品是由四家店推出的霜淇淋試吃比較！ 可以享用各種不同的美味。

吃了竹輪麵包，就是優秀的札幌通！

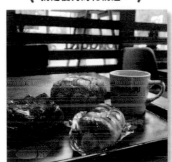

❾ DONGURI 大通店
【麵包店】

在札幌市內有八間店，這家"左鄰右舍的麵包店"第一次在市中心開了一家附設咖啡廳的店鋪。窗邊的座位也能眺望大通公園，午餐時間會被在附近工作的人擠得水洩不通。150～170種的商品中，竹輪麵包（151日圓）是30年以上的人氣No.1！

"麻辣"的俘虜越來越多！

認真使用北海道素材製作最好吃的麵包

❺ boulangerie coron 紅磚露台店
【麵包店】

為了其美味而排隊的人潮，比2012年本店開張時還要多了，現在已是代表北海道的店家。北海道產的玉米法國鄉村麵包（247日圓）、牛奶法國麵包（216日圓）是必吃麵包。店鋪前與設施2樓有自由用餐區，也能當場品嘗。

許多札幌市民一提到炸雞，就會想到"布袋"！

❻ 中国料理 布袋 紅磚露台店
【中國菜】

布袋的ザンギ（日式炸雞）大小、口味，還有價格都大把抓住上班族的胃。位在紅磚露台3樓美食區內的2號店也很受女性歡迎。布袋午餐B有3塊ザンギ並附小麻婆豆腐890日圓。

❼ 175°DENO担担麺 北2西3 站前通店
【中國菜】

老闆其實是個不敢吃辣的人，但為了製作真正好吃的擔擔麵，竟專程前往四川省採購花椒與香料。「可以嘗到與辣不同的"麻辣"美味」非常受當地人歡迎。"麻辣"的程度可以調整。無汁（麵200g）800日圓。

THE札幌＆北海道美食

女性也可以一個人輕鬆前往的店家，請享用經典的北海道美食！

健康的蒙古烤肉

提供前美食報導記者的老闆所選的羊肉

單獨一人的壽司

推薦附一杯飲料的限定午餐！

1 すし さか井 【壽司】

推薦給想從午餐開始，在吧檯座享用當季握壽司的人。2000日圓的限定午餐附啤酒或氣泡酒，很吸引人。店裡明亮又自在的氣氛，是有很多女性會獨自一人前往的人氣店家。

講究的拉麵

堅持只使用北海道產素材完成的獨特口味

3 成吉思汗 なまら 【蒙古烤肉】

女性客人占了壓倒性的高比例，不太會沾附氣味，感覺很乾淨的蒙古烤肉店。堅持使用手工切的生肉，可以盡情享用連常吃蒙古烤肉的當地人都讚不絕口的多汁羊肉。生羔羊800日圓、なまら厚切850日圓。

2 MEN-EIJI 南3条 SUGAI DINOS店 【拉麵】

麵條使用留萌產的小麥──留萌夕麥。盡量不依賴化學調味料，製成能夠嘗到素材本身味道、感覺小麥甜味的麵條，在拉麵業界也有許多粉絲。最受歡迎的海鮮豚骨醬油口味830日圓。

味道醇厚的湯咖哩

實力派湯咖哩的美味就在本店！

由女性工作人員掌廚，深受女性喜歡的湯咖哩很有人氣

隱身在狸小路西邊的咖啡廳的人氣菜單

6 GARAKU 【湯咖哩】

秘傳的香料搭配和風高湯。清爽不黏膩的湯頭卻帶有醇厚的口味，再添進北海道產的蔬菜。正因為在食材豐富的北海道，才能體驗這種美味的湯咖哩。店家迎接第10年，遷移到距離舊店步行約1分鐘的地方開業。

5 CURRY SHOP S 【湯咖哩】

工作人員全是女性，湯咖哩較不油膩，以和風高湯為基底，很受女性喜愛。使用的蔬菜和米是北海道產。雞肉蔬菜還加了扇貝與蘆筍等材料，北之味覺特製咖哩1530日圓很受歡迎。

4 curry & gohan – cafe ouchi 【湯咖哩、咖啡廳、餐酒館】

ouchi的湯咖哩有3種湯頭可以選擇，並裝滿北海道產的素材！也很推薦品嘗當季口味的每月咖哩。約20席小而整潔的咖啡廳風氣氛，特別受女性歡迎。

薄野的第一家店是…

在薄野令人興奮的夜晚，就從價格公道、可以輕鬆造訪的店家開始！

7

擠滿喜歡日本酒的當地人的人氣店家

活食 隠れ酒蔵 かけはし總本店 【居酒屋】

想要「盡情享用美味的日本酒與下酒菜」時的首選，需事先預約的居酒屋。就算介紹給當地人不管誰都很滿意。最推薦使用當季食材的料理，還有美酒鍋、炙燒香菇‧蔥也是必吃！

9

豪邁又便宜！這就是北海道的居酒屋！

居酒屋にほんいち 薄野店 【居酒屋】

位在薄野交叉路口的正中央！店裡也可以看見NIKKA的霓虹燈招牌。材料從北海道各地漁港產地直送進貨。把蟹肉撒在玉子燒上直到客人喊停的"蟹肉撒高湯玉子燒"是必點菜色！

8

以有趣方式展示北海道食材的娛樂居酒屋

北海道ろばた 居心地 【居酒屋】

店內是和店名有些差距的咖啡廳風，可以品嘗到老闆親自尋覓而來的北海道美味食材。名產！階梯生魚片拼盤980日圓甚至能吃到北海道各地直送的鮮魚與鹿肉！是一家讓心與胃都能精力充沛的居酒屋！

11

除了北海道產羊肉，也要吃鹿肉蒙古烤肉！

夜空のジンギスカン 45店 【蒙古烤肉】

在薄野是第四家店的45店，包廂完備。不太需要擔心沾附氣味，能品嘗嚴選的羔羊肉，也受女性歡迎。4～5人去用餐時，推薦"嚴選!! 夜空的階梯拼盤"4800日圓。肉以外的蔬菜和米也堅持使用北海道產。

10

雖然隨性但卻是正統派！小巧的法國料理店

cantine SEL 【法國菜】

來到北海道就應該嘗一次的法國菜餐廳。盛裝得相當美麗的單盤菜餚，讓美味食材更美味。這裡的單點菜色也很豐富，即使女性單獨一人也能輕鬆前往，就像心靈的綠洲。

札幌的夜晚就用聖代來收尾！

用餐或酒會之後，"收尾"吃聖代是札幌的新文化！

在1、2樓用餐後，
去3樓慢慢品嘗收尾的聖代！

1 SAPPORO
BROCHETTE 【餐酒館】

3層大樓的1、2樓是營業到深夜3時的肉類餐酒館，而3樓則有可以享用收尾聖代的酒吧tiafrap。當然也可以只到3樓消費，聖代1200日圓～。

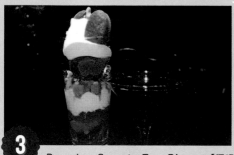

第一次去也惬意！
可以用常客的心情前往

3 Bar plus Sweets Two Rings 【酒吧】

從雞尾酒到威士忌，可以享用300種以上的酒與手工甜點，並由散發溫和氛圍的夫妻迎接客人。魅力在於能同時享用收尾聖代與收尾的一杯酒。入席費700日圓、聖代1000日圓～、雞尾酒700日圓～。

有各式各樣其他地方看不到的
獨創聖代！

2 INITIAL 【咖啡廳、酒吧】

不僅外觀獨特，還能享用當季食材與酒的嶄新組合等等，只有這裡才能嘗到的聖代與甜點，是大人取向的甜點酒吧。夏天的刨冰也很受歡迎。有酒糖蘭姆葡萄乾聖代パルフェロムレザン 1404日圓等等。

收尾聖代、酒、咖啡
皆有的人氣店家

4 パフェ、珈琲、酒 佐藤
【咖啡廳、酒吧】

札幌市內幾家收尾聖代店家中數一數二的人氣店家。「鹽味焦糖開心果」口味的聖代，一天平均賣出100份。週六、日過午後開始營業，也可以作為咖啡廳利用。18:00以後入席費300日圓。

薄野的第二家店是…

在氣氛佳又能慢慢品酒的店忘卻時間。

---

❶ SAPPORO BROCHETTE
さっぽろ ぷろしぇっと

`薄野③／p.27`

17:00～翌日3:00（週日、假日～翌日0:00）／無休☎011-213-1416

❷ INITIAL
イニシャル

`薄野②／p.24`

17:00～翌日0:00（週五～週六、假日前日～翌日2:00），LO為打烊前30分／不定休☎011-211-0490

❸ Bar plus Sweets Two Rings
ばー ぷらすすいーつつーりんぐす

`薄野②／p.24`

18：00～翌日2：00／週一休☎011-211-5180

❹ パフェ、珈琲、酒 佐藤
ぱふぇ、こーひー、さけ さとう

`薄野①／p.22`

18:00～翌日0:00（週五至翌日2:00、週六13:00～翌日2:00、週日13:00～翌日0:00）／不定休☎011-233-3007

❺ Winebar ru
ワインバー ルー

`薄野②／p.24`

18:00～翌日0:00（23:00LO）／週日休／☎011-219-8801

❻ 月と太陽 BREWING
つきとたいようぶるーいんぐ

`薄野①／p.22`

17:30～翌日0:00（週日、假日至23:00），LO為打烊前30分／週三休／☎011-218-5311

❼ 北海道産酒 BAR かま田
ほっかいどうさんしゅばー かまだ

`薄野②／p.24`

18:00～翌日1:00（週日、假日17:00～翌日0:00）／無休☎011-233-2321

❽ Pengindou
ぱーらー ぺんぎん堂

`薄野①／p.22`

12:30～17:00、19:00～翌日1:00／週日休（中午營業週三休）／☎011-261-2320

---

❺ Winebar ru 【酒吧】

產量少又罕見的北海道產葡萄酒相當齊全

遷移前的店名為ランス，從那時算起開業已有27年，正因為是葡萄酒酒吧老店才有齊全的北海道產葡萄酒，並能以單杯享用。（但數量有限）。全年都能以各式各樣烹調法享用厚岸的品牌牡蠣‧カキえもん也是賣點之一。

店裡有啤酒的釀造設施
Brewery pub

❻ 月と太陽 BREWING 【啤酒酒吧】

即使位在聚集個性餐飲店的"創成川EAST區域"其中，也每天都熱鬧不已的店家。除了自製精釀啤酒之外，平時備有約10種啤酒，以及為了讓啤酒更好喝，而準備用豐富北海道產食材製成的下酒菜，可以一併輕鬆享用。

啤酒、燒酒、葡萄酒、連茶都是北海道產！

❼ 北海道產酒 BAR かま田 【酒吧】

店裡有300種以上的飲品（酒精飲料、軟性飲料皆有），甚至連下酒菜全部都是北海道產！選擺者連當地人可能都不知道的稀有品項。身為酒匠＆北海道品酒師的老闆也很健談，很有吸引力的一間店。

酒吧與甜點店合而為一的成熟空間

❽ Pengindou 【咖啡廳、酒吧】

在收尾聖代這個詞彙出現以前，這家店就因為到很晚還能品嘗以新鮮北海道產牛奶製成的原創霜淇淋，以及用當季水果的雪酪等材料製成的聖代，而大受歡迎。葡萄酒與蒸餾酒等70種以上的酒一應俱全，大部分的客人似乎都想再喝一杯的人一起來消費。

公園 圓山公園
まるやまこうえん

散步
30分

綠意盎然的公園保留了
樹齡超過150年的自然林

▲豐富的自然景觀令人想不到位在市中心。能遇見小動物也很開心

▲5月是賞櫻名勝，熱鬧非凡

位在市區西部海拔226m的圓山，處於都市裡，卻保留許多接近自然林的樣態。圓山原生林占了圓山公園的部分區域，在1921（大正10）年被指定為國家天然記念物。也設有健行路線。■園內自由

散步時間約
4小時00分

圓山公園站
↓步行5分
圓山公園
↓步行10分
北海道神宮
↓步行15分
札幌市
圓山動物園
↓步行37分
圓山公園站

一次獲得都會與自然的兩種樂趣
圓山公園・裏參道

札幌市街圖
p.4 ▶▶

完工，電線桿撤去工程也經過，街道變得倒整潔落淸已拓
裏參道的道路兩旁

◀樸素的麵包使用香氣飽滿的北海道產小麥。種類豐富的貝果也廣受好評

堅持使用北海道產小麥與自製酵母的麵包

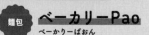

麵包 ベーカリーPao
べーかりーぱおん

使用的麵粉、雞蛋、蔬菜都是北海道產，其他食材也講究使用日本國內產或當季素材，販售安心、安全的麵包與烘焙點心。
■9:00～19:00／週一休／☎011-611-7667

◀活用素材本身風味的午餐菜色1150日圓～

都是堅持使用健康食材的料理

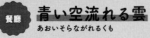

餐廳 青い空流れる雲
あおいそらながれるくも

不使用化學調味料或動物性素材等，供應以活用食材風味的烹調法製作的料理。
■11:00～17:00（晚餐只限預約）／不定休／☎011-623-3887

編輯部 最推薦！

走入圓山的原生林！

從圓山動物園往裏參道方向回來時，建議走在與右側車道並行延伸的木棧道上。這裡容易遇見野生的花栗鼠、蝦夷松鼠或野鳥，也擠滿了喜歡拍照的女生。

4 特別推薦 point

▲動物種類多，設施又容易觀看。不管大人小孩都能盡情觀賞

札幌市 圓山動物園
さっぽろしまるやまどうぶつえん

参觀 2小時

不管大人小孩都被動物們療癒了

　致力於繁殖北極熊、猩猩等等被列為瀕危物種的動物。可以體驗當鷹匠，或是在近處觀看猛獸用餐風景的體驗項目也廣受好評。■9:30～16:30（11～2月～16:00）／12月28日～31日休／600日圓／☎011-621-1426

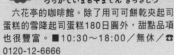

▲藥膳粥，附醬菜、和菓子吃到飽980日圓

突顯高湯美味的粥品與點心都很豐富

粥品・點心 **白鹿食堂**
はくしかしょくどう

雞骨高湯添加柴魚花、小魚乾粉、昆布等材料熬成的粥品，帶有濃郁的香氣與滋味。■11:00～16:00（可能變動）／週二休（逢假日則翌日休）／☎011-615-1177

▲綠意豐富的境內萬籟俱寂

在聚集人氣的北海道內，也是首屈一指的能量景點

神社 **北海道神宮**
ほっかいどうじんぐう

参拜 30分

1869（明治2）年作為開墾的鎮守社・札幌神社而建設。境內從開墾時代以前就有茂盛的針葉樹與闊葉樹，也有蝦夷松鼠等小動物棲息。■免費入場

▲使用十勝奶油，鬆軟口感的鬆餅520日圓

邊眺望圓山公園的綠意度過喝茶時光

咖啡廳 **六花亭圓山店 喫茶室**
ろっかていまるやまてん きっさしつ

六花亭的咖啡館。除了用可可餅乾夾起司蛋糕的雪降起司蛋糕180日圓外，甜點品項也很豐富。■10:30～18:00／無休／☎0120-12-6666

▲利用懷舊風舊民宅作為店鋪

在復古的店內喝咖啡度過寧靜的時光

咖啡廳 **森彥**
もりひこ

店裡可以品嘗美味的法蘭絨濾布手沖咖啡550日圓～。季節戚風蛋糕360日圓～也很受到好評。■11:00～21:00LO（週六、日10:00～）／過年期間休／☎011-622-8880

▲杯子蛋糕1個340日圓～。迷你尺寸6入組890日圓

販售外表可愛的杯子蛋糕與餅乾

杯子蛋糕 **SALLY'S CUPCAKE**
さりーず かっぷけーき

100%使用有夢幻奶油之稱的「可爾必思奶油」製成的奶油霜是好吃的祕密。也很推薦糖霜餅乾。■10:00～19:00／無休／☎011-615-1588

▲最有人氣的浜咖哩1480日圓

充滿魅力的食材與香料的香氣擄獲獵人心

咖哩 **円山教授**
まるやまきょうじゅ

歐風奶油炒麵糊咖哩的專賣店。排名第一的是可以嘗到滿滿海鮮的浜咖哩，迷人的菜色也一應俱全。■11:00～15:00、17:00～21:00／不定休／☎011-522-8886

地圖標示

●コートドール
北1条西2
宗源吉兆

B1・すしダイニング つかさ　神宮前
2F・割烹おかだ　　　　モリエール
宮の森1条10丁目

LOKA
素

3F 2F
とらや

Sabita cafe
ラブランジュ

味の巣戸

白鹿食堂 **3**

從4月下旬到5月上旬染井吉野櫻和八重櫻爭艷怒放

在遊水路周邊散步很舒服

1 圓山公園

北海道神宮 **2**

オーベルジュ・ド・リル サッポロ

10分

ブライダルハ
TU

15分

20分

宮越屋珈琲
DIXE ROUX
ATELIER N

圓山球場

漂亮的木棧道散步道

從這裡出發

往圓山公園站…從地下鐵南北線札幌站出發，在大通站轉乘東西線往宮之澤方向14分，於圓山公園站下車

官方商店

預計2018年完成象舍、北極熊、海豹館

4 札幌市 圓山動物園

圓山原生林

立碑在居住遺跡上，山的形狀是仿照飯盛山而來

4 飯沼貞吉 ゆかりの地碑

白虎隊唯一的倖存者，從飯盛山的悲劇深痛體會到消息傳達的重要性。身為電信技師的他前往北海道上任，致力於提升通訊。

冬天的暖氣來自使用木柴的火箭爐。圍繞在周邊的煙囪也能用來當作地板暖氣系統

1 鴨鴨堂

築齡90年的舊民宅，大正末年把原本是藝妓的住處改為藝廊。明治時期再次利用從建築物拆下的優良建材，可以看到榫頭的高度錯離，或是梁柱有紙拉門的框架等裝修的痕跡為其特徵。■地圖／p.38

START

由我來帶路

這位是「鴨鴨川懷舊情懷 中島公園・薄野 環遊名勝導覽之旅」的導遊磯貝圭子小姐。

『寺町與花街的秘密就要揭開了！』

繁華街中的古代城鎮 鴨鴨川〜薄野的懷舊散步

4 ── 5分 ── 3 ── 7分 ── 2 ── 即到 ── 1

「慈母觀音」是指天然石上浮現出的白色觀音像，很不可思議

圍生檣是以前市區與農地的分界線

3 新善光寺

在寺町附近，集中了各宗派的寺院。新善光寺與京都的知恩院有關，是淨土宗的寺院，因為與芝公園增上寺的因緣，本堂與燈籠都能看到德川的葵紋。■地圖／p.26

2 鴨鴨川

以前擔負札幌的物流等責任，與市民生活息息相關的河流。現在也整修了部分地段的景觀，成為市民休憩的場所。

窺視開墾當時的薄野

鴨鴨川橫穿薄野的南部，流經中島公園的偏西部，最後注入豐平川。流經過去寺町與遊郭殘留下的痕跡，完全想像不到這一帶就在繁華街薄野的附近，可以享受安靜復古的散步時光。

從中島公園走出來，在札幌站前通附近就會遇見鴨鴨川。流域周邊遠離了市街的喧囂，帶有寧靜的風情。札幌馬克斯旅館的附近有鋪設磚道與林蔭道，成為市民休憩的場所。

鴨鴨堂一帶曾是薄野遊郭的周邊，因為料理店數量眾多，因此也備有藝妓置屋的功能。此外鴨鴨川是創成川的支流，曾經運用於水運，現在周邊也還能看見稀稀落落、歷史悠久的舊民宅與商店。

如同豐水在當地被稱為「寺町」，此地也聚集了各種宗派的寺院。剛開始開墾、正在建設的北海道，市區以外也能看見其他以傳教為目的的寺院，例如成田山的新榮寺、真宗大谷派札幌別院等等。順帶一提，「豐水」的

薄野遊郭祕聞

1871年雖然因官方許可而設立薄野遊郭，但當時的薄野卻是一片芒草原野，是有狐狸會飛撲而出，到了晚上還有野狼現身的荒野。圍著及腰高度的土壘，根本和簡陋搭建的小屋一樣，只是徒有遊郭之名的妓院聚集地。

新政府在札幌設置本府，建設新都市。為此要把一萬個從事開墾的人聚集在北海道。在嚴苛的氣候風土環境中，必須禁止從事開墾作業者外出，因此請求批准設置遊郭。向太政官正院提出申請時的書面內容也留存著紀錄。

不管是薄野遊郭，還是江戶時代設立在日本內地的遊郭，都是貧窮人家的女兒為了替家裡還債而從事這個行業。雖然這一點並無不同，但來此的客人卻完全不同。

黎明期的薄野遊郭，客人是體力勞動者，因此有許多妓女由於殘酷的勞動狀況而弄壞身體，年限滿期前，也有許多人在20歲前半就香消玉殞。

她們無法像江戶的吉原或京都的島原這些遊郭，爬上花魁或太夫的頂峰寶座，成為浮世繪的主角之一；也沒辦法懷著渺小夢想等著老爺替她們贖身從良。

於是在這樣的薄野遊郭中，有兩個名叫「雨風」與「台鍋」的當紅妓女名留歷史。她們稱呼的由來是：外貌好像被暴風雨吹打過，眼睛鼻子都不在正常的地方，所以叫雨風；另一個台鍋據說是少了單耳的罕見醜女。妓館主人甚至事先預告「她們絕對不能在宴席露臉」，兩人出名的其貌不揚，卻相當精通技藝，因為善於傾聽、床上功夫了得而博得人氣。以現在來說這是想像不到的待客之道，但在嚴苛的北海道開墾現場，說不定相反地最渴求的是肌膚的溫暖與威情吧。

▲1871年薄野　北大附屬圖書館收藏

石川圭子（いしかわ　けいこ）
一般社團法人かもテラ代表，挖掘薄野一帶大眾的歷史。

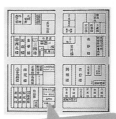

據說當時的妓女平均壽命是25歲，可以看出當時環境多嚴酷

週日的「早晨的差事」開放一般人體驗行粥、打掃、坐禪。

6 薄野遊郭

開墾開始的2年後，於1871年設置，是開拓使官方批准的遊郭。主要是從事開墾作業的勞動者來此利用。1918年舉辦北海道博覽會時遷移至白石，並未留下痕跡。

5 中央寺

曹洞宗永平寺是總寺院。矗立阿吽仁王像的山門，將立志佛門的修行僧以外的人阻攔在外，顯得相當莊嚴。也有抄寫佛經與參禪體驗。■地圖／p.26

GOAL — 7 — 4分 — 6 — 3分 — 5 — 5分

地下鐵中島公園站

外欄欄的圍牆留著遊郭以捐獻者的身分刻下的名字，是薄野遊郭當時為數甚少的遺跡

與導遊一起在薄野散步

這裡介紹的是巡遊薄野・豐水地區的導覽之旅「鴨鴨川懷舊情懷　中島公園・薄野　環ะ名勝導覽之旅」。透過市民志工的導覽帶領，巡遊中島公園與薄野一帶有古風的街道。除了巡遊寺町與薄野遊郭周邊的「薄野夜晚之旅」路線、在寺町參拜與體驗的套裝旅程「薄野寺町BOZU巡遊路線」以外，也在各季節準備了各式各樣的方案。
●（一般社團法人）かもテラ事務局
☎011-596-7929（週五～週一的12:00～20:00）
kamotera.office@gmail.com
http://kamokamogawa-nostalgia.net/

7 豐川稻荷札幌別院

可祈求生意興隆的薄野守護神。也有追悼妓女與超渡流產胎兒，與接客行業的淵緣深厚。

命名由來是「水豐饒之地」，不過並非正式的地名。雖然薄野看不到當時的遊郭了，但周邊的餐飲店從那時候繼續發展，與現在的繁華街形成聯繫。

①

◀蓋在風情十足的日本庭園中。國家指定重要文化財

有連子窗、下地窗還有突上窗，共有8扇窗戶

茶室 **八窗庵**
はっそうあん

参觀 10分

相傳是江戶時代初期，小堀遠州在居城江州（現滋賀縣）小室城內所建。■9:00～16:00/11上旬～5月上旬休

②

◀這棟建築在明治初期是瀟洒的西洋風飯店

白牆與高雅的漂亮裝飾是美式建築

建築物 **豐平館**
ほうへいかん

参觀 2分

1880（明治13）年興建的洋房，用來當開拓使的迎賓館。■9:00～17:00/第2個週二休/300日圓/☎011-211-1951

歷史氣息的自然風景

中島公園

散步時間約 **2小時00分**

中島公園站
↓ 步行10分
豐平館
↓ 步行17分
北海道立文學館
↓ 步行16分
幌平橋站

往札幌
グラブキングムー
らーめん鵺の家
らーめんさんぱち
おぶくろの味みつはし
クインテッサホテル札幌
らーめん鵺の家 ティアラホテル
ビジネスホテルライン
ちゃんこ居酒屋玄武
札幌オリエンタルホテル
9条山鼻站
札幌エクセルホテル東急
ABURI ABURI
ZEPP SAPPORO
祭館
菊水旭山公園通
ホテルビスタ札幌
おばん菜さけ田
いぐさギャラリー庵
プレミアホテル 大正湯
札幌市電
西7丁目通
八窗庵 **①**
豐平館 **②** 3分
中島公園通站
旬彩割烹くるみ澤
スーパーSHIGA
伊勢
哈爾濱飯店 本店
ログホーム
中島中
札幌市天文台
札幌音樂廳Kitara
配備世界第一級音響設備的大會場
くろわっさん專門店 Tender Heart
粋酒屋ほの路
行啟通站
喫茶フィル
行啟通站 北海道支店銀行
③ MARUMI COFFEE STAND NAKAJIMA PARK
酒庵まるきち
札幌護国神社
N 1:9,970 0 200m

往P.27地圖
往札幌
おたる政寿司すすきの店
忘梅亭
プラザマックスホテル
鴨鴨堂（P.36）
札幌馬克斯旅館
家庭料理大助
ibis styles SAPPORO
札幌站前通
MON-JELI
北の海鮮炙りノアの箱舟
ベッセルイン札幌中島公園
中島公園前
中島公園站
START
札幌市兒童人偶劇場 KOGUMAZA
中島兒童會館
花月
かまぼこ かね彦本店
キリンビール園
地下鐵南北線
ホテルマイステイズプレミア札幌パーク
そば処福住
ホテルノースシティ
ぷちばんぶきん
WC
7分
5分
7分
札幌パークホテル
中島公園入口
ホテルライフォート札幌
池塘有許多水鳥，是療癒人心的區域，也有小船
中島公園入口
そば処たか松
WC
カフェ・ゼノ
Smooch Cafe Stand
シアターZOO
中島公園
5分
道立文學館
晚上散步要注意腳下
10分
地下鐵南北線
ホテルマイステイズ札幌中島公園
彌彦神社
③ 6分
幌平橋
幌平橋站
GOAL

從這裡出發
往中島公園站…搭乘地下鐵南北線從札幌站2分，200日圓，在中島公園站下車

◀和北海道有淵源的作家的文學作品、雜誌、書信、色紙、繪畫等等豐富展示齊全的北海道立文學館

③

◀搭配咖啡的格子鬆餅也是人氣甜點

外帶使用雙層隔熱杯，可以維持溫度！

咖啡廳 **MARUMI COFFEE STAND NAKAJIMA PARK**
まるみこーひーすたんどなかじまぱーく

供應風味絕佳的特製咖啡378日圓～。也適合和人氣商品格子鬆餅一同品嘗。
■9:00～19:00（週六、日、假日8:00～）/無休/☎011-513-8338

札幌市街圖 p.4 ▶▶

從札幌市區立刻可到的
絕景景點

札幌羊之丘展望台 /地圖p.4

1959（昭和34）年誕生後直到現在都是代表札幌的眺望景點，頗受歡迎。綿羊悠哉地吃草，遠方則是遼闊的札幌市區。這裡豎立著克拉克博士像，以及石原裕次郎的暢銷曲《戀之町札幌》的歌碑。
■9:00～17:00（有季節性變動，需洽詢）／無休／520日圓／☎011-851-3080

藻岩山展望台 /地圖p.4

藻岩山位於市區西南部，海拔531m，山腳下有大片原野。可以利用空中纜車與迷你地軌式纜車到山頂。從展望台能一覽札幌的街景，夜景也美得令人感動，日落前到山頂，欣賞街道慢慢被黑夜籠罩，最後亮起點點燈光的變化很有意思。
■10:30～22:00（12月～3月從11:00開始），最後上山為營業結束時間前30分／11月下旬約休10日／來回1700日圓／☎011-561-8177

special issue

拜訪北海道當地海產 前往鮭魚的故鄉・石狩

在石狩本町踏上有鮭魚淵源的土地

前往位於石狩川河口的石狩本町，從札幌電視塔附近的中央巴士中心搭巴士約1小時車程。河岸可見碼頭，沿路則是磚頭或石砌的倉庫或建築物，可以想見這些是鮭魚流通據點的遺跡。

製作寒鹽引是石狩冬天常見的風景。使用石狩於秋天海上捕獲的公鮭魚，利用冬季的寒風晾乾，經過加工等步驟，費時半年製作完成。包含當時的製法，再加上使用現代友好都市石川縣輪島市的鹽，更增添了有深度的滋味。

此外石狩也有日本第一家罐頭工廠，很意外地並不為人所知。這段歷史是因為捕獲大量鮭魚的開拓史引人注目，為了設立近代產業，克拉克博士也來訪試做而設了工廠。在石狩砂丘之風資料館所展示的歷史悠久木製看板上，可以緬懷這段往事。

■請洽詢石狩觀光協會☎0133・62・4611地圖P-5

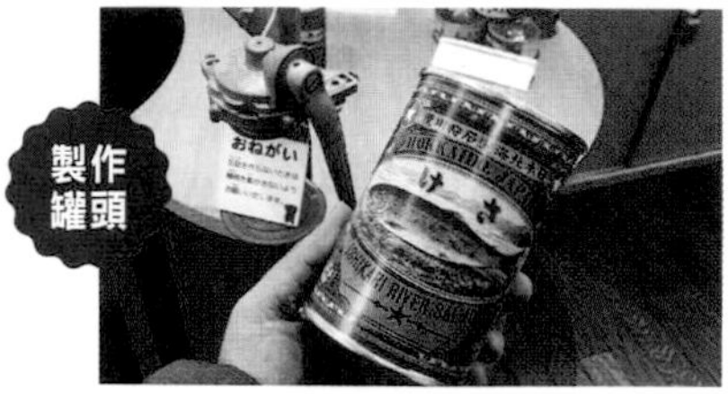

石狩砂丘之風資料館

將當時製作罐頭工具的機器復原，可以體驗製作罐頭。放進信或摺紙等等，按壓機器手把密封後貼上標籤就完成了。■9:30～17:00／週二、過年期間休／300日圓／☎0133-62-3711

寒鹽引

按照富商村山家流傳下來的古文獻，使用秋天捕獲的公鮭魚等材料，重現當時的做法。越嚼越有鮭魚本來的鮮味。石狩觀光協會販賣中。※數量有限

舊長野商店

過去經營綢緞雜貨、釀酒、石油特約店等生意的商家。建於1894年的建築物為木骨石造結構，復原後的琺瑯招牌上，除了酒、醬油、鹽以外，也有葡萄酒與白蘭地的文字。■與石狩砂丘之風資料館的入館費通用

石狩天然溫泉 番屋の湯

臨近石狩灣絕景的溫泉設施。有「化石海水」之稱的溫泉，帶著茶色有滋潤肌膚的效用。有溫水38度、熱水42度的浴槽，也有完善的露天浴池與寢湯設施。■10:00～24:00／不定休／入浴費650日圓／☎0133-62-5000

石狩鍋復活計畫

石狩鍋的起源原本是供應漁夫伙食的料理，戰後因為用來款待前來參觀捕鮭魚的觀光客而獲得好評，藉機傳遍日本全國。石狩鍋的定義是徹底使用鮭魚到魚骨部位，湯頭為昆布高湯的白味噌，葉菜類有高麗菜，為了提煉風味再撒上山椒等等，聚集了當地石狩鍋供應店的「あき味の会」正在推廣本地的口味。

料理民宿やまたま

這家旅館的餐點堅持以石狩灣及其周邊食材入菜。食堂「北の味いしかり亭」還有供應鮭魚親子蓋飯和烤鮭魚蓋飯等餐點。石狩鍋定食為季節限定商品。■いしかり亭11:00～20:00／無休／☎0133-62-3422／住宿附2餐7500日圓～

小樽

余市

小樽運河轉運站
舊三菱銀行小樽支店（1922年建）
舊北海道
拓殖銀行
本局前
小樽郵局
北海道
中央巴士
鳳
小樽文學館・
美術館
GOAL
WACKY'S
でん助
MOGURA
戲屋留堂（骨董）
花月堂
モンビエール
オンディーヌ
ネールの木
あまとう本店
（P.10店）
茶の木
モード
NTT
NTT前

大正硝子館（1906年建）
ラーメン利久亭
運河ターミナル
第一銀行小樽支店（1924年建）
すし田
北海道・ワインセンター
桑田屋
あまとう小樽運河店
ハローワークおたる
よし丼
ワインカフェ＆ワインショップOTARU BINE
（舊北海道銀行小樽支店・1912年建）
松田ビル（1937年建）
並木
茶房おこばち
日本銀行金融資料館（1912年建）
寿し処一休
ぴあっと
旭寿司本店
大仁門
海坊'S
みやた
小樽北の旅人
八田寿司
割京新松島（1937年建）
鮨まるやま
寿司処旬
北海道タオル
おたる鮨玄
おたる政寿司
大和屋
きっちんのざわ
すし処貫
おたる魚亭
GANESHA
龍王
真や
かすべ
焼鳥伊志井
バー・ハッタ
ささ木
北一硝子花園店（P.52）
はまだ
アカシ
花園二郵局
みゅーず
ギフトプラザささき
串鳥
喫茶京橋
三ツ山病院
松月堂
新田病院
八珍亭
Junsan's Bar
ラーメン
ビストロ小泉
産業会館前
労働金庫小樽支店
みどり屋
あまとう
稲穂（一）
水晶堂めがね
小樽信用金庫
CAPTAIN'S BAR (P.11)
オンディーヌ
オーセントホテル小樽
小樽経済会病院
SUN MALL 一番街
ニュー三幸
小樽本店ビル
ヨシヤ
小樽屋台村紅磚橫丁
小樽たかの酒商日本橋店（P.1）
酒商たかの
おたる（海鮮）
わかる松
幸ちゃん
さんかい亭
らーめん石衛門
往札幌
すし処貫
のんのん亭
かま栄
海月
洋
北海道中央巴士
北海道
浅草通り
稲穂十字街
7分
北浜
壽司屋通
中央小公園
小町商店
菓匠 新倉屋
館
往P.44・45地圖
花園
編輯部 最推薦！

迷失於歐洲的街道!?

若要來趟沉浸異國情調的散步，就去中央通～色內本通，這裡聚集了明治到昭和初期興建的商家與洋房。雄偉的石造建築搭配五彩繽紛的外觀，充滿異國情調的街景連綿不斷，建議不要直接往運河去，務必在周邊的道路逛一逛。

小樽市街圖 p.5 ▶▶
東雲町
山田町

散步時間約
3小時00分

小樽站
↓ 步行15分
小樽郵局
↓ 步行7分
舊手宮線跡入口
↓ 步行10分
舊手宮線跡出口

新舊交雜韻味十足的街區

小樽站周邊

花園一帶是散發強烈昭和氛圍的飲食店街。從白天就能去小吃店唱卡拉OK

稲穂2-18
稲穂1-10
花園1-7
5

富岡跨線橋
宝泉寺

小樽署
稲穂小
妙見市場
NATURASHERB
西病院
建設協会

1

◀商店林立在全長200m的細長通道

豐富的商品齊全，適合來尋找最後的伴手禮

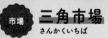

市場 三角市場
さんかくいちば

就位在JR小樽站旁的市場。除了販賣新鮮海產的店家以外，能品嘗海鮮蓋飯等餐點的餐館也一應俱全。■8:00～17:00／過年期間休／☎0134-31-5557

歷史性建築
れきしてきけんぞうぶつ

經年累月形成的厚實外觀

小樽市內於明治時代興建的倉庫、銀行等建築物保留至今，現在則再次利用當作餐廳、商店或飯店。運用當時最尖端技術與簡潔設計的建築物，光是遠眺也令人開心，小樽市正致力於保存這些市指定歷史性建築。 ※地圖上有記號的建築物

特別推薦 point

▶1906（明治39）年興建的舊日本郵船（株）小樽支店（上）。1891（明治24）年興建作為倉庫的北一硝子三號館（右）

店家的招牌菜「炸半隻若雞」980日圓

外酥脆又多汁的若雞是絕品！

若鶏時代なると
わかどりじだいなると

和食

這家餐館的招牌菜是把半隻雞全部油炸的「炸半隻若雞」。壽司、蓋飯、定食等餐點也很齊全。■11:00～21:00／不定休／☎0134-32-3280

6 舊手宮線跡
きゅうてみやせんあと

▼即使不是鐵道迷，也會不禁想拍照的風景

在遺留的廢鐵路遺跡旁的散步道悠哉散步

這是北海道第一條鋪設的鐵路，1985（昭和60）年停止運行，現在還殘留部分鐵軌、枕木，以及平交道的警報裝置。

特別推薦 **point**

▲除了也獲當地人好評的花膳膳以外，日本料理菜色齊全

享用使用當季食材的創作日本料理

5 花ごころ 小樽店
はなごころ おたるてん

壽司、和食

在歷史悠久的厚實建築物中享用餐點，以壽司與日本料理為主。也適合午餐時間順路過來。■11:30～15:00、17:00～22:00／過年期間休／☎0134-32-8777

▲店裡陳列滿滿的衣服和民藝雜貨

說不定會遇見不容易買到的珍貴美術品!?

4 December3本店
でぃっせんばーすりーほんてん

雜貨

使用銀或天然石製成的飾品、布料與衣服、餐具等等，從中東和近東、東南亞、印度等地採購而來的雜貨一應俱全。■10:00～19:00／過年期間休／☎0134-22-9973

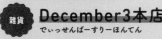

往P.46～47地圖

運河附近的觀光區從這一帶開始

色内(二)
ゆず工房
川又商店(1905年建)
運河プラザ
スリラーカラオケ
おたるすし耕
小樽ADVANCE
倶楽部
いろない
色内一丁目
色内本通り 5分
(1930年建)舊安田銀行小樽支店
花ごころ小樽店
PIZZA HOT
明治末期建
和菓子屋本舗
昭和初期建
ゆず工房
小樽硝子蔵本舗
後藤商店(1920年建)
2F 色内食堂
一福
OSA
K2
WINERY(P.10)
石塚商事
麻ほろ
Image glass
ビジネスホテル
大幸
東京屋
Free-Lance
BEANS
グラスアートN+
角一商会
小樽市民中心
そば処こびやま
ばんのいのまた
稲穂(三)
珈琲ケルン
北嶺舎
きらく
スマイルホテル小樽別館
レストランロレット
中央通
稲穂(二)
北海道
北海道新聞
CAFEモンルポ
A-LIVE
望月
こうじや
中央通り
舊手宮線跡(散步道)
6
魚貴
如月
ガリオン喫茶光
石川屋
夢市場
らく天
GINZA
ら～麺屋や
スマイルホテル小樽本館
おたる大和家
若寿司
Coffee Shop 美蝦
カラオケBOX レミファらどん
小樽典礼斎場前
NAITO
正福屋小樽本店
しみず
アトリエベル
岩永時計店
みやこ鳥
TAKI'S BAR
びさうす
おたる魚心
7 ラーメンやま彦
らーめん漁海家
ETOILE
浜谷
プチボアン
MISONO ICE CREAM
西川のばんちゃ
めんどころ
花林果
春香園
若鶏時代なると
小樽グランドパレス
齊藤商店
東香楼
やす安
らく天
春香家
CAFE BAAL
サンビルスクエア
灯の湯ドーミーイン PREMIUM小樽
静
屋
通り
五十番菜館
最崎屋唐吉軻德
山の猿
都通り
December 3本店
中央市場
小樽駅前
丸味屋
小樽駅前郵局
らーめん西や
1F 中西国士
小樽運輸站等候室
2F 紀伊國屋書店
紀伊國屋書店
小樽散步士
售票處
ALINCO MOU DASH
ホテル稲穂
1 三角市場
P
(P.10)伊勢鮨JR小樽站TARCHE店
タルシェ
BURGER KING
小樽サンジェルマン
船見橋
START
觀光服務處
小樽站(1934年建)
船見坂
N
1:5,290 100m

從道裡出發

往小樽站…搭乘JR函館本線從札幌站39分、640日圓

咖啡廳

MISONO ICE CREAM
あいすくりーむばーらーみその

創業超過90年長期深受喜愛的名店

北海道第一家創業的冰淇淋店。使用新鮮的牛奶與雞蛋等製成的冰淇淋與聖代等商品很受歡迎。■10:30～20:00／週二休／☎0134-22-9043

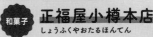

▲布丁聖代730日圓、冰淇淋480日圓

▲Panju除了紅豆餡以外有6種，1個80日圓

使用北海道產的小麥與十勝清水產的紅豆

2 正福屋小樽本店
しょうふくやおたるほんてん

和菓子

販售小樽傳統點心Panju，以及廟會等活動可以看到的雞蛋糕。■10:15～18:00左右／週日、假日休／☎0134-26-6910

▶可以品嘗北海道的新鮮食材

2

有師傅專業技術與優異的食材！菜色也很豐富

壽司 **おたる政寿司**
おたるまさずし

從戰前營業到現在的老店。以北海道產的食材為主，由眼光高超的師傅所嚴選的魚，好吃得令人驚艷。■11:30～21:30／週三休／☎0134-23-0011

▶可以享受甜味、酸味等多彩多姿的味道

1

午餐也評價甚佳的洋食名店

洋食 **BISTROT小泉**
びすとろこいずみ

慢慢熬煮3天的濃厚香雅飯（午餐980日圓、晚餐1080日圓）是招牌菜。■11:00～14:30、17:00～21:00（材料售完打烊）／週三休／☎0134-32-4965

▶「烤海膽粗卷」直徑5cm口感滿分！

11

水槽裡約有30種魚貝類！

壽司、和食 **おたる魚亭**
おたるうおてい

店家的烹調素材講究使用活魚。務必要品嘗招牌菜烤海膽粗卷1900日圓。■11:30～22:00（週日至21:00）／週二休／☎0134-23-9878

雞尾酒 酒吧 **BAR HATTA**
ばー はった

10

適合想度過寧靜成熟夜晚的人

除了約30種單一麥芽威士忌外，也有各種小樽的當地啤酒等。■18:30～翌日1:00／週日（逢假日則翌日）休／☎0134-25-6031

▲雞尾酒700日圓～、麥芽威士忌900日圓～

右欄（花園・壽司屋通）

吃光小樽的海鮮！

花園・壽司屋通

散步時間約 **1**小時**30**分

中央小公園

↓步行9分

花園橋

↓步行6分

市役所下交叉路口

↓步行6分

中央小公園

◀沿著小樽市花園的啄木通走會看到的活と味た志満

編輯部 最推薦！

白天散步有助晚上出門

花園一帶是小樽首屈一指的鬧街，在霓虹燈閃爍的夜晚走進深處可能會感到不安。為了避免這種狀況，趁白天時散步，先確認有哪些店家會比較安心。

下方

▶抹茶搭配任選2串丸子的抹茶套餐680日圓

8

在店裡的咖啡廳吃些甜點放鬆一下

和菓子 **菓匠 小樽新倉屋 花園本店**
かしょう おたるにいくらやはなぞのほんてん

創業120年的老店，招牌是花園丸子、三色丸子以及銅鑼燒。■9:30～18:00，咖啡廳供餐時間10:00～17:00LO／無休／☎0134-27-2122

▶在玻璃浮球燈光下品嘗鄉土料理

9

令人感受港口氣息的鄉土料理

鄉土 料理 **かすべ**

可以攜家帶眷享用的鄉土料理店。招牌菜是外觀也漂亮的トロイカ鍋2100日圓（2人份），可以吃到滿滿的海鮮。■17:00～22:00／無休／☎0134-22-1554

地圖區

ホステルもりのき

小樽市街圖 p.5 ▶▶

往札幌

函館本線

0　1:4,700　100m

2Fすばいすちーずちー

Cafe third place

三本コーヒー

しおみ

いんぐるみるく

ミレット

つぼみ

Chobichai

三川屋

ALBA

けやと堂

水晶堂

酒宴

ハハ

すばいすちーずちー

創 華かぐら

どんだけ

寺さん

栄

屯

もっきり荘

寶船

MONIKA

しちりん

九年母洋

吉野館

政長

もんじゃや

Lennon Sense

なんじゃ

なんじゃ

きよみ

RAM

三四郎

びび

月

都寿司

山小屋

てっぺん

純

紀文

きよし

4

活と味た志満

3

4分

華舟

串幸

ながいつばめ

たじべい

せっちゃん

HANAZONO

浜茶屋

くい亭

もく馬

千軒

やすらぎ

小樽雅叙園

ドコモショップ

串焼大将

auショップ

5

啄木通

花園十字街 花園公園通

おたる無尽ビル 花の山城屋

特別推薦 point

◀昭和末期命名的「小樽壽司屋通」

👆 小樽壽司屋通
おたるすしやどおり

壽司師傅比劃手藝的壽司聖地

以小樽前濱捕獲的魚貝類為主，由師傅大展廚藝的小樽壽司。從國道5號往小樽運河之間約200m的區段，稱之為「小樽壽司屋通」。

▲想要享受小樽之夜的人，可以去霓虹燈閃爍的花園區域

從這裡出發

往中央小公園…從JR小樽站步行國道5號線2分

◀小樽握壽司宴席3300日圓

在石川啄木淵源之地大啖海產

③

壽司、和食 **活と味 た志満**
いきとあじ たじま

位在石川啄木租房過的房子遺跡上。7種握壽司，加上海膽、鮭魚子的迷你蓋飯還有附魚骨湯的「小樽握壽司宴席」很受歡迎。■11:00～23:00／無休／☎0134-23-0511

◀人氣的烤星鰻握壽司製成甜鹹的口味。握壽司1100日圓～

1934年創業，在小樽是屈指可數的老壽司店

都寿司
みやこずし

創業至今，名物是用刷毛輕輕塗在握壽司上的壽司醬油，可讓壽司食材的風味更加明顯。■12:00～22:00／週二休／☎0134-22-9450

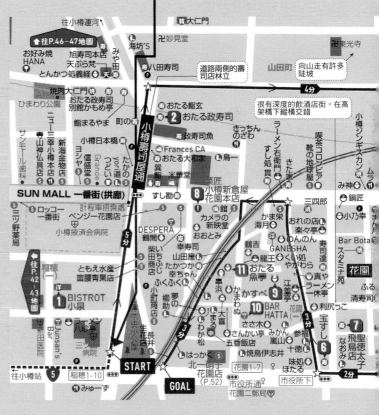

◀廚師自選握壽司（12貫3980日圓）

用這個價格吃到這個滋味超划算！

小樽雅叙園
おたるがじょえん

使用老闆親自去市場採購的講究海鮮。牡蠣握壽司、焗烤魚貝類等創作料理也很受歡迎。■11:30～14:00、16:30～22:00／不定休／☎0134-27-5560

◀有自豪的星鰻「廚師自選握壽司」14貫5000日圓

創業以來不斷維持的傳統滋味

宝すし
たからすし

可以用低價品嘗到堅持從當地產物精挑細選的素材。江戶前壽司改良過的星鰻也是人氣餐點。■11:30～14:00LO、17:00～21:00LO／週三休／☎0134-23-7925

◀握壽司「網元」10貫1800日圓

也能享用和海鮮一樣充實的地酒

聖德太子飛鳥店
しょうとくたいしあすかてん

店家以優良新鮮度與價格便宜為傲。特製生散壽司1700日圓，鋪滿了18種材料，是很有人氣的一道菜。■11:30～23:00／不定休／☎0134-31-4224

▶模仿周邊火警瞭望台的地標塔

攤販村 小樽出拔小路
おたるでぬきこうじ

主題為當地產物、消費、居民、當地的口味一應俱全

有15家店櫛比鱗次的攤販村，可以享用海鮮、蒙古烤肉等北海道的滋味。還能登上火警瞭望台。■營業時間、定休日視店鋪而異／☎0134-24-1483

▶乘船周遊運河享受吹來徐徐微風

乘船搖曳眺望小樽也是一種樂趣

周遊觀光船 小樽運河遊覽船
おたるうんがくるーず

周遊 40分

白天搭船遊覽能享受微風吹拂；晚上岸邊的瓦斯燈則很夢幻。■所需時間40分／1500日圓（日間航班）、1800日圓（夜間航班）☎0134-31-1733

洋溢大正浪漫風的水之都
小樽運河・色內本通

散步時間約 2小時00分

小樽運河總站
↓步行9分
港町交叉路口
↓步行11分
境町交叉路口
↓步行9分
小樽郵局
↓步行4分
色內1丁目交叉路口

◀小樽港扮演道央東日本海側物流據點的重要角色

小樽市街圖 p.5 ▶▶

回轉すしとっぴー

堺町

回轉寿司和楽

6分

焼牛角

すしざんまい

（1906年建）小樽キャンドル工房（P.53）大正硝子館

小樽らーめん問屋

小樽キャンドル工房

小樽浪漫館

作硝子工房

6

コロッケ

ひきめ

よし

高島橋

寿し田

よし丼

ぴあっと
寿し処一休

往寿司屋通、花園

キャビンかまぼこ

HOKKAIDO MILK

音樂盒堂海鳴樓

利尻屋みのや不老館

小樽花鈴堂

七福

小樽彩や

万次郎

小樽

出世前広場

鮨処西功

うつわ屋

ラーメン利久亭

0785

かまぼこ

かまぼこ

かまぼこ本舗

1F・俺の海鮮焼き

2F・俺のジンギスカン

左藏

俺のラースカレー

どんぶり茶屋

彥藏

磯鮨

大正硝子酒器藏

PAW PADS

小樽たけの

おたるの蝦夷屋

GLASS GALLERY

小樽石の藏

うろこ亭

手作り鞄の専門店 水芭蕉

旧板谷邸

巽鮨 おたる家

ふぇと館

伊勢商店

香り工房・フィトン

小樽ガス燈

大正硝子Mahalo

ホラフキ昆布館

大正硝子本庫

くぼ家（1907年建）

高橋水産

利尻屋みのや童話十字路口店

ファインクラフト

ふじ鮨

北の流浪往前步行十分鐘

利尻屋みのや大正クーブ館

往P.48〜49地圖

從這一帶到堺町童話十字路口是觀光客的散步道

0 1:3,740 100m

往P.44-45地圖

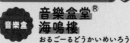
◀在明治後期的建築物中陳列有個性的玻璃作品

熟練的手藝創造出細緻精美的藝術品

玻璃手工藝 大正硝子館
たいしょうがらすかん

以和風的玻璃容器為主，展示販售玻璃手工藝品，也有吹玻璃體驗。■9:00〜19:00（夏季延長）。體驗時間10:00〜18:00／無休／☎0134-32-5101

◀陳列海鳴樓品牌的音樂盒

以熟練的手藝創造出細膩的美

音樂盒 音樂盒堂® 海鳴樓
おるごーるどうかいめいろう

除了陳列手工製作的音樂盒以外，也附設體驗製作音樂盒的工作室。■9:00〜19:00／無休／☎0134-23-6505

編輯部 最推薦！

火警瞭望台的視野很好

成為攤販村的小樽出拔小路，其中的火警瞭望台是隱藏名勝。可能是因為樓梯口在後面不顯眼，使用者意外地少，可以悠哉地眺望小樽運河。迴廊也有展示品。

4

▷可以在寧靜店裡悠閒放鬆的成熟咖啡廳

可以在復古風的店裡盡情享用和風甜點

甜點 くぼ家
くぼや

在富涵意趣的店裡，可以品嘗用漂亮餐具盛裝的和風甜點。推薦和風可麗餅＆咖啡套餐800日圓。■10:00～19:00／無休／☎0134-31-1132

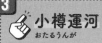

3 🖐 **小樽運河**
おたるうんが

散步20分

黃昏時欣賞瓦斯燈在石造倉庫的夢幻演出

為了讓抵達小樽港的貨物直接運到倉庫，1923（大正12）年運河完工。因為是填海造地建造而成，特徵是帶著平緩的曲線。運河的使命結束後，1985（昭和60）年整修為道路與散步道，脫胎換骨成現在的模樣。

◀從淺草橋遠望的小樽運河

特別推薦 **point**

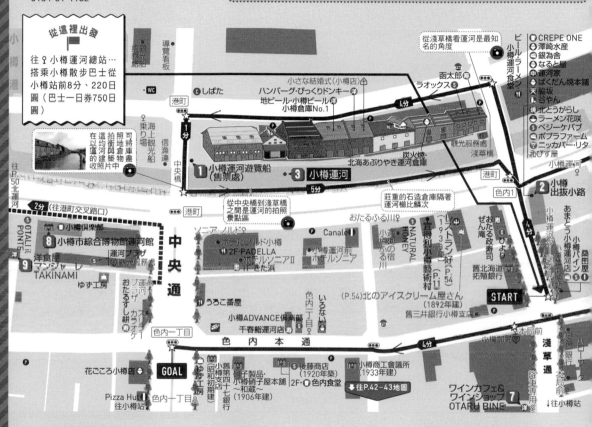

從這裡出發

往♀小樽運河總站…搭乘小樽散步巴士從小樽站前8分、220日圓（巴士一日券750日圓）

可將庫地倉建藍盡收眼底，在這均可拍攝運河與庫地倉建築物的收照片中

◉CREPE ONE
◉澤崎水產
◉銀為舍
◉なると屋
◉運河家
◉ばくだん焼本舖
天狗坂
◉谷やん
◉北とうがらし
◉ラーメン花咲
◉ベジケパブ
◉ポプラファーム
◉ニッカバー・リタ
えびす屋

從淺草橋看運河是最知名的角度

函太郎
ラオックス

小さな結婚式（小樽店）
ハンバーグ・びっくりドンキー
地ビール・小樽ビール
小樽倉庫No.1

炭火燒
北海あぶりやき運河倉庫

1 小樽運河遊覽船（售票處）
3 小樽運河

莊重的石造倉庫隔著運河櫛比鱗次

觀光服務處
淺草橋

從中央橋到淺草橋之間是運河的拍照景點區

2 小樽出拔小路

8 小樽市綜合博物館運河館
運河プラザ

小樽倶樂部

OTARU PONTE

洋食屋マンジャーレ TAKINAMI

ゆず工房

ソニア・ノルド
ホテルノルド小樽
2F・PADELLA
ホテルソニアII
きた浜

Canale

NATURAL HONEY

宮越屋小樽藝術村（P.11）

レストラン好ち（P.54）

ぜんた庵
おんぢ政壽司
ひよ
ふらの
舊北海道拓殖銀行

うろこ番屋

小樽ADVANCE倶樂部
千春鮨運河店

おたるふる川

（P.54）北のアイスクリーム屋さん（1892年建）
舊三井銀行小樽支店

START

色内本通

花ごころ小樽店
GOAL

Pizza Hut
往小樽站

舊第四十七銀行
舊小樽初期
ゆず工房
カズカラ

舊第四十七銀行

硝子製品・小樽硝子屋本舖・和藏（1906年建）

後藤商店（1920年築）
2F・色内食堂

小樽商工會議所（1933年建）

▶往P.42～43地圖

小樽郵局
小樽郵局前

淺草通

ワインカフェ＆ワインショップ OTARU BINE

7

隆重專用
↓往小樽站

旧銀行
ハローワーク
本局前

◀土鍋燉菜「溫暖身心」1080日圓

用北海道產食材製作歐洲的家庭料理

9

洋食 洋食屋マンジャーレ TAKINAMI
ようしょくやまんじゃーれたきなみ

可以品嘗使用北海道產食材製成的獨創料理。使用江別產的小麥「夢力」製成的麵包也是人氣商品。■11:30～14:00、17:30～21:30（20:00LO）／週三休／☎0134-33-3394

◀利用部分舊小樽倉庫的博物館

無論大人小孩都能開心欣賞的博物館

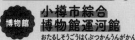

8

博物館 小樽市綜合博物館運河館
おたるしそうごうはくぶつかんうんがかん

參觀40分

利用1893（明治26）年興建的倉庫改造成博物館。除了舊照片與舊地圖外，大正時代街景的復原展示也值得一看。■9:30～17:00／過年期間休／300日圓／☎0134-22-1258

◀杯裝葡萄酒370日圓～

優雅地乾杯！100%使用北海道產葡萄的葡萄酒

7

洋食、葡萄酒 ワインカフェ＆ワインショップ OTARU BINE
わいんかふぇ＆わいんしょっぷ おたるばいん

堅持販賣工廠直送的桶裝葡萄酒。適合搭配葡萄酒的起司火鍋與肉料理也一應俱全。■11:30～21:00（21:30LO、商店10:00開始）／週三休／☎0134-24-2800

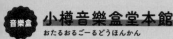

音樂盒 小樽音樂盒堂本館
おたるおるごーるどうほんかん

8

▲（左）本館為利用明治時代的建築物　（右）鑲珠寶盒音樂盒「雪之結晶」4320日圓

明治末期興建的建築物中有數千種音樂盒

日本最大規模的音樂盒專賣店。利用明治時代的古建築，展示、販售約3400種2萬5000件的音樂盒。品項齊全，從1000日圓左右適合入門的、到數百萬日圓的高級品應有盡有。■9:00～18:00（夏季的週五、週六、假日前日至19:00）／無休／☎0134-22-1108

小樽懷舊
堺町通～童話十字路口・南小樽

散步時間約 **2時00分**

- 北一威尼斯美術館
- ↓步行3分
- 童話十字路口
- ↓步行15分
- 水天宮
- ↓步行10分
- 童話十字路口
- ↓步行6分
- JR南小樽站

西松屋Ⓢ　　Ⓢオートバックス

Ⓢすき家
CoCo壹番屋洋　　やすらぎ斎場 小樽

小樽市街圖 p.5 ▶▶

住吉町

◆おたる海陽亭

ⓈUNIQLO

GEOⓈ

陡坡。以前有顯眼的三棵大樹

若從這裡回去
往札幌站…搭乘JR函館本線「快速Airport號」往新千歲機場方向30分，640日圓
往小樽站…搭乘JR函館本線3分，170日圓

山頂。斜線是懸崖。可以清楚看出運河削山填海建造的痕跡

CoCo福Ⓨ

住吉町

樽手造り 子工房

Ⓚてんぷら家　　砂場

小樽石蔵バウム

古都Ⓛ　　いち乃家　　導覽看板

らーめん一番　　**3分**　　おたる蔵屋Ⓚ　**GOAL**

☆南小樽　Ⓚ北海道銀行　　駅下

往小樽 函館 本線 Ⓒ南小樽站

投幣式置物櫃 ᵂᶜ
計程車搭乘處

往札幌

伴手禮 SOUVENIR OTARUKAN
スーベニール オタルカン

7

◀2樓陳列約1000件萬花筒

猶豫要買什麼北海道伴手禮就來這家店！

集結特產品、名牌點心等約2萬件伴手禮的商店。2樓的kaleidoscope（萬花筒）區也不可錯過。■9:00～19:00（11～5月至18:00）／無休／☎0134-27-0077

雜貨 夢見堂
ゆめみどう

9

◀也有許多老闆從國外採購的獨一無二商品

找出一件給自己的旅遊回憶物品

手工的皮革包、錢包、銀製裝飾品，以及民族風服裝等等擺滿店內。去找找自己喜歡的東西吧。■9:00～19:00／無休／☎0134-33-0132

編輯部 最推薦！

最好緩慢爬上坡道

從童話十字路口連接往水天宮的道路，中途有一段驚人的陡坡，一口氣爬上容易喘不上氣，最好準備飲料慢慢走。這段坡道也是絕佳的攝影景點。

美術館 北一威尼斯美術館
きたいちべねつぃあびじゅつかん

參觀 30分

接觸威尼斯的美與藝術

介紹威尼斯文化與技術的美術館。重現貴族宮殿的展示室很值得一看／■8:45～18:00／無休／入館費700日圓☎0134-33-1717

▲以宮殿為原型建造的建築物

◀希臘語pathos 意思是「熱情」

以fromage（起司）為首的限定蛋糕

甜點 LeTAO PATHOS
ルタオ パトス

1樓是甜點店；2樓是可以嘗到限定蛋糕的咖啡廳。■9:00～18:00（有季節性變動。咖啡廳10:30～營業結束前30分）／無休／☎0134-31-4500

◀可以感受歷史的建築物也是看點

陳列充滿傳統美的玻璃製品

玻璃製品 北一硝子三號館
きたいちがらすさんごうかん

利用建於明治中期的莊嚴石造建築物改建成店面。分為和、洋、鄉村三層樓，陳列原創的玻璃製品。■8:45～18:00／無休☎0134-33-1993

通往水天宮方向是陡坡

0　1:3,920　100m

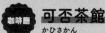

◀小樽經典綜合咖啡520日圓

剛烘好的咖啡香氣逼人

咖啡廳 可否茶館
かひさかん

可以品嘗從烘焙工廠直送的咖啡。店裡的烤麵包，從人氣店家採購的甜點也很有魅力。■9:00～18:00／無休☎0134-24-0000

◀權現造式建築的宏偉本殿與拜殿

可看見小樽港與街景等的隱藏觀景景點

神社 水天宮
すいてんぐう

參拜 15分

水天宮位在市內中心的高地。現在的社殿建於1919（大正8）年。爬上非常陡的石階就是神社境內，可以瞭望小樽灣。■境內自由參觀

巧克力

由LeTAO經營的巧克力專賣店

LeTAO Le chocoLa
ルタオ ル ショコラ

陳列許多集結世上最好的材料製成的巧克力。■9:00～18:00（有季節性變動）／無休／☎0134-31-4511

▲Royale Montagne（9入裝）648日圓

3

◀此建築物是日俄劃定國界會議的會場

也曾召開歷史性會議的國家重要文化財

資料館 **舊日本郵船(株)小樽支店**
きゅうにっぽんゆうせんかぶしきがいしゃおたるしてん

參觀30分

建於1906（明治39）年，是近代歐洲復興樣式的石造建築物，也是舉行日俄劃定國界會議的地點。■9:30～17:00／週二休／入館費300日圓／☎0134-22-3316

2

◀也推薦在市場內的食堂吃早餐

小樽最早開店的早市

早市 **鱗友朝市**
りんゆうあさいち

可以買到便宜的螃蟹、鯰魚、八角魚等海鮮，深受當地人喜愛的早市。也可以寄送到外地。■4:00～14:00／週日休／☎0134-22-0257

散步時間約 **1小時30分**

緬懷運河的歷史

北運河

運河PLAZA巴士站
↓ 步行2分
港町交叉路口
↓ 步行5分
運河公園
↓ 步行2分
鱗友朝市
↓ 徒步3分
舊日本郵船(株)小樽支店
↓ 步行10分
色內川下巴士站

◀運河旁的散步道散布著青銅藝術品

北洋銀行
Maruben
喫茶北運河
かとう歯科医院
手宮市場(P.54)
小樽錦町郵局
錦町

鱗友朝市 2
のんのん ☆ 北運河

小樽市街圖 p.5 ▶▶

酒房出雲
ごとうクリニック
洋菓子店
やまか
嶋影
パールマリーブ
十間坂
玉の湯
錦町

3 舊日本郵船(株)小樽支店
旧日本郵船前
（冬季封館）
運河公園

公園內是可以拍進舊日本郵船(株)小樽支店整棟建築物的最佳位置

WC

北運河保留運河完工當時的寬度

小樽信用金庫
錦町
錦町医院
スーパーシガ
錦町

デリーズ

北運河

島田脳神経外科
オタルベイレンタカー

漁業協同組合
北海製罐小樽工場

停泊的現役漁船、小船營造出特別的風情

呼叫海鷗的少女

舊手宮線跡
おたる北運河
消防署出張所
色内川下

1 PRESS CAFÉ
炭火焼肉GAJA
洋GOLD STONE
かもめや
北浜橋

若從這裡出發
往小樽站前…搭乘北海道中央巴士往小樽駅前方向7分、220日圓

從這裡出發
往運河PLAZA…搭乘小樽散步巴士從小樽駅前7分、220日圓

直江薬局
色内川下
GOAL
田中酒造本店
田中酒造本店前
色内3丁目
稲穂5丁目
色内2丁目
色内2丁目

1:6,040 100m
0

START

港町 龍宮橋
色内2丁目
小樽写真販売

◀往運河PLAZA步行2分(P.47)

小樽市消防団

◀加了大塊蔬菜的北印度風咖哩雞1080日圓

1

倉庫改建成的咖啡廳，有挑高的天花板和大窗戶

咖啡廳 **PRESS CAFÉ**
プレスカフェ

利用1895（明治28）年建造的倉庫改建成咖啡廳。可以品嘗原創食譜的印度咖哩與義大利麵、自製甜點等等。■11:30～22:00／無休／☎0134-24-8028

威士忌博物館

分為可以學習威士忌製造歷史與程序的威士忌館；以及了解竹鶴政孝與麗塔經歷的一甲館。

舊竹鶴邸

把竹鶴政孝與妻子麗塔實際生活的住宅移建、復原至蒸餾所內。公開展示玄關大廳與庭園。

散步時間約
2小時00分

受豐富的綠意環繞，為釀造威士忌的世外桃源

一甲威士忌余市蒸餾所

余市站
↓步行5分
正門
↓步行2分
蒸餾棟
↓步行3分
舊竹鶴邸
↓步行1分
威士忌博物館
↓步行1分
一甲會館

燃燒泥炭（草炭）烘乾麥芽

START

往JR余市站步行5分

正門‧櫃台

参觀者等待室

吸煙所設置場所‧WC

用圖示板介紹威士忌的製造程序等過程。因為工廠內禁菸，抽菸請在此處

北海道全圖
p.5 ▶▶

石造的精悍正門。參觀工廠的櫃台在這裡，導覽每30分鐘一次

乾燥棟

蒸餾棟

粉碎‧糖化棟

把大麥麥芽粉碎後，在糖化槽加入約60度的溫水攪拌變成麥汁。（不可參觀）

從這裡出發

往余市站⋯從札幌站搭乘函館本線1小時6分、1070日圓。從小樽站22分、360日圓

發酵棟

舊事務所

▲世上罕見使用石炭⋯⋯製造的一甲威士⋯⋯

竹鶴政孝像

**一甲威士忌
余市蒸餾所**

舊竹鶴邸

設立當時建造的第一號貯藏庫。地板是土而外壁為石造，因此可以維持溼度與涼氣

1號貯藏庫

威士忌博物館

2樓可以試喝威士忌（免費），也備有軟性飲料。1樓也有餐廳

一甲會館
1F ⑧樽
2F 試飲會場

GOAL

℗（免費）

販售北海道工廠的原創商品與一甲威士忌產品，還有適合當下酒菜的巧克力等商品

Ⓢ NORTHLAND

自由參觀蒸餾所　9:00～17:00
附導覽參觀蒸餾所　9:00～12:00、13:00～15:30
※導覽為預約制（免費，10人以下可以從官網預約；11人以上電話預約）。每時00分、30分舉行（12:30休息、15:30最後出發）
預約、洽詢☎0135-23-3131

一甲會館

可以試喝3種酒：單一麥芽10年、鶴17年、蘋果酒各1杯。也備有軟性飲料。

邂逅小樽的手工藝品

『親手做』旅行的回憶

噴沙體驗

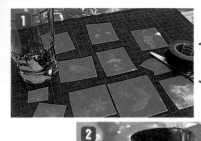

選一張圖案紙，貼在想附加圖案的地方

用膠帶遮蔽

在貼上紙片的地方噴沙

客製化方案也可以加上文字

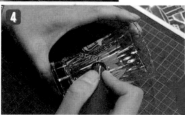

比想像中的簡單！

北一硝子 花園店
きたいちがらすはなぞのてん

　從實用到藝術性高的商品一應俱全，也能參加製作體驗。「輕鬆方案」900日圓＋商品費用1350日圓～、「客製化方案」1300日圓＋商品費用1350日圓～。需預約，所需時間1～2小時。█10:00～19:00（受理體驗～16:30）／元旦休／☎0134-33-1991

小樽站周邊／p.42

完成了

製作原創的作品，或是穿復古衣服拍照……。除了在街上散步，也可以參加各種珍貴的體驗活動，這就是小樽的魅力。旅行的回憶更加深刻了。

在美術館體驗服飾文化

北一威尼斯 美術館
きたいちゔぇねつぃあびじゅつかん

　美術館館內可以借服裝拍紀念照。「威尼斯禮服體驗」所需時間15～20分（視擁擠狀況變動），服裝費大人2000日圓、兒童1500日圓。照片費拍立得500日圓、5x7吋700日圓、8x10吋1300日圓、10x12吋1800日圓。█9:30～17:30／無休／☎0134-33-1717

堺町通～童話十字路口·南小樽／p.49

▲向義大利當地的禮服製造商特別訂製的18世紀款式的貴族服裝。女性要穿襯裙，也會戴上飾品

穿上道地的禮服！也可以選帽子或小配件

音樂盒機械裝置製作

把演奏樂譜的圓柱體
裝在機械裝置的底座上，
牢牢固定

慢慢的捲入
當作動力的
板狀彈簧

微調並組裝梳齒
讓聲音更漂亮。
雖然困難但很有趣！

把機械
裝置收進
木盒中

這裡是
重點

小樽音樂盒堂
手工製作體驗館 遊工房
おたるおるごーるどうてづくりたいけんゆうこうぼう

　可以體驗組裝音樂盒的機械裝置。「組裝機械裝置方案」2700日圓～需預約，所需時間1小時；「裝飾音樂盒的盒子與基底的表面裝飾方案」1200日圓～，所需時間45分＋等待時間約30分；「選擇喜歡曲子的機械裝置安裝木製套件」1944日圓，所需時間約50分，需預約。
■9:00～18:00／無休／☎0134-21-3101

堺町通～童話十字路口‧南小樽／p.49

可以自己選曲子
甚至調整音質！

吹玻璃＆熔合烤彎玻璃體驗

對著熔化的
玻璃塊吹氣
調整形狀

組合玻璃，用電爐
加熱玻璃烤彎、熔合
並逐漸完工

大正硝子館
たいしょうがらすかん

　展示販售許多玻璃製品，也可以參加體驗。熔合烤彎玻璃體驗1200日圓～（需預約），地點在毗鄰的とんぼ玉館；吹玻璃體驗2700日圓（需預約），地點在另一家店ギャラリー蔵。
■9:30～17:30（可體驗時間需確認）／無休／☎0134-32-5101

小樽運河‧色內本通／p.46

操作非常簡單
很好玩！

完成了

完成了

完成了

有人在一旁指
導很安心！

田中酒造亀甲蔵

販售
日本酒
地圖p.5

可以試喝在古老倉庫
釀造的日本酒

たなかしゅぞうきっこうぐら

▲新鮮的酒糟與甜米酒也是人氣伴手禮

可以參觀製酒過程的店家。可以免費試喝
剛釀好的「現榨純米原酒」等約10種日本
酒。代表品牌「宝川」與「小樽美人」系列
是人氣商品。■9:00～18:00／無休／☎
0134-21-2390

▲利用建於1905年的舊
岡崎倉庫改成的店鋪

手宮市場

市場
地圖p.50

好多便宜！罕見！的商品
專門供應當地人的市場

てみやいちば

▲可以用划算的價格買到新鮮的魚。
罕見的海鮮引人注意

客人大多是當地人。可以用便宜的價格買
到八角魚、杜父魚、鰤魚、海螺、北寄貝等
等前濱的魚，還有生魚片拼盤只要500日圓
左右，價格公道是最大的魅力。■10:00～
18:00／週日休／☎0134-34-2580

▲從大正時代延續至今的
老市場

レストラン好

中國菜
地圖p.47

位在昭和初期的建築物內
中國菜人氣店家

れすとらんはお

▲蟹肉炒飯780日圓、辣醬蝦1450日圓～、菲力牛
炒青椒絲1650日圓～

店裡以白色為基調，氛圍復古典雅。除了
供應中式單點菜色，還有附湯品、沙拉、日
式炸雞的「白飯套餐」等豐富的套餐菜色。
■11:00～21:30／12月31日～1月2日休／
☎0134-32-0680

▲位在建於昭和初期的
舊通信電設浜大樓1樓

北のアイスクリーム屋さん

冰淇淋
地圖p.47

來嘗嘗口味特別的冰淇淋吧

きたのあいすくりーむやさん

店面直接利用石造
的倉庫，使用海膽、
螃蟹，以及墨魚汁等
食材製成的獨特口味
冰淇淋大受好評。當
然，香草、香瓜等口
味也很受歡迎。
■10:00～17:00／不
定休／☎0134-23-
8983

▲海膽（上）、墨魚汁（下）等口味獨特的
冰淇淋，餘味清爽容易入口

▲利用建於1892年的舊島
谷倉庫

函館

函館市街圖 p.4 ▶▶

函館運轉所

函館本線

往五稜郭 新函館北斗
往萬代町

若松町

ペンション パピィーテール
ホテル ヤロームイン2
海峽通

ホテル ウイングス
Toui

總合福祉 センター

若松緑地

若松町 土方歲三 臨終的地碑

センター前 喜夢良 4分

八幡通 若松町27

GOAL

ヴィクトリア

ドコモ
かしわ屋
龍園

新川町

若松広路

7分

中央 体育館 函館中央郵局

自由市場
市場亭(和食)
佐藤商店

HOTEL PROMOTE

新川町站 みちのく銀行
タイム

成田山 函館別院
商工信組

真宗大谷派 函館別院

◀車站前有鮮紅色的紀念碑迎接。這是造型藝術家·林昌平先生的作品<Oyako>

◀連接函館觀光景點的路面有軌電車。悠哉運行在街道上的模樣很可愛,也有北海道新幹線配色的電車在街上跑

1

◀也可以參觀駕駛室、無線通訊室

可以學習青函航線60年的歷史

資料館 函館市青函連絡船紀念館摩周丸
はこだてしせいかんれんらくせんきねんかんましゅうまる

參觀 30分

在當作青函連絡船使用的摩周丸號船內,展示資料與模型等等。■8:30~17:00(11月~3月9:00~16:00)/無休(有臨時休館)/500日圓/☎0138-27-2500

2

◀剛烤好的美式格子鬆餅,套餐1080日圓~

道地的紅茶搭配剛烤好的格子鬆餅

咖啡廳 Tea specialty shop HARVEST
こうちゃせんもんてんはーゔぇすと

使用約40種老闆嚴選的茶葉。根據不同茶葉改變泡法,可以享受紅茶天然的美味。■10:30~21:00LO/週二休(逢假日則營業)/☎0138-23-5605

3

◀鹽味拉麵580日圓

鹽味拉麵口味單純不會吃膩

拉麵 星龍軒
せいりゅうけん

豚骨湯頭用日本產的豬大骨添加數種蔬菜熬煮5小時而成。
■11:00~17:00(湯售完打烊)/週日、週一休/☎0138-22-0022

散步時間約 **2小時00分**

函館站

↓步行14分

函館站前交叉路口

↓步行3分

大門橫丁

↓步行8分

自由市場

↓步行11分

土方歲三臨終的地碑

新幹線開通！北海道的大門

函館站周邊

◀由此徒步數分前往海邊也很近

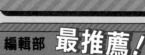

編輯部 **最推薦！**

改變視角欣賞函館的夜景

從大森濱(地圖p.4)看夜景,可以看見從函館山山麓延伸至漁火燈光的整片「側面夜景」。夜景倒映在海面的「下夜景」,除了可以從中央碼頭(地圖p.4)觀看,也可以從函館站後面的碼頭眺望。

▲位在安靜的公園一角

7

土方迷絡繹不絕的安靜名勝

石碑 **土方歲三臨終的地碑**
ひじかたとしぞうさいごのちひ

參觀 15分

新撰組副長‧土方歲三的臨終之地眾說紛紜，目前以他在一本木關門附近（現在的若松町）遭到槍擊的說法最為有力。這塊石碑位在若松綠地公園裡。■自由參觀

市場 **自由市場**
じゆういちば

6

▲市場內也有宅配業者的辦公室

專門供應廚師，當地人也會去

許多專業廚師會去的高專業性市場。販售蔬菜、乾貨等生鮮品，特別是魚貝類很豐富。■8:00～17:30（視店鋪而異）／週日休／☎0138-27-2200

5

👆 市民休憩的場所 グリーンプラザ

▲月光假面像刻有「別憎恨、別殺人、叫別哭吧」的句子

大門地區的「グリーンプラザ」有電視劇《月光假面》作者、出身函館的川內康範先生贈送的「月光假面像」，以及公共藝術等等。

特別推薦 point

4

▲溫暖的對話也是樂趣

使用函館的豐富食材製成的多種料理

攤販村 **大門橫丁**
だいもんよこちょう

居酒屋、拉麵、蒙古烤肉、爐端燒等等26家餐飲店櫛比鱗次。■營業時間、公休日視店鋪而異／☎0138-24-0033（管理公司為函館TMO）

🚩 從這裡出發

往函館站⋯從函館機場到函館站前搭乘連絡巴士約20分、410日圓。從札幌搭乘JR特急「北斗號」或「超級北斗號」約3小時40分、8830日圓。從新函館北斗站搭乘「函館Liner」最快15分、360日圓

1:5,960 0──100m

從這附近可以眺望「側面夜景」

函館港

1 函館市青函連絡船紀念館摩周丸

函館站　JR北海道函館支

2F‧函館麵廚房あじさい
2F‧キングスイーツ
1F‧四季彩館（總合みやげ）
1F‧駅弁のみかど

JR站租車

海光房

どんぶり屋

きくよ食堂本店

蓋飯橫丁市場

函館朝市

函館朝市在 P.58-59

うにむらかみ函館本店

雅家

あん‧どう

1F‧直銀
1F‧⑤
1F‧④パン エスポワール
1F‧⑤ねばねば本舗& ezolis
1F‧⑥白雪
1F‧⑪PRONTO
3F‧函館未來館
4F‧函館兒童廣場

フォーポイント バイ シェラトン函館

東橫イン函館駅前朝市

マル米

くいしんぼう函館

ホテルキクヤ

にしん亭

津々井軒

3 星龍軒

大漁旗

駅前郵局

函館站前

往P.60-61地圖

ホテルリソル

商工中金

ホテル函館

コンフォートホテル函館

いか清大門

B1‧④ハセガワストア

⑨味千磨

マルセン

LUCKY PIERROT 函館站前店

あぶり竜

四代目すずや

美鈴 海がき本店

有豐富的外帶家常菜與便當。也有內用區

前函館站

函館駅前

日本租車

ホテル駅前 1F‧⑦

ホテルガーデン

日産租

ソウルダイニング

ルート‧インホテルグランティア函館駅前

巴士服務處 等候室

ソフトバンク

しなの オリックスレンタカー

スマイルホテル函館

Kiralis函館

START

前函館觀光服務處

ターミナルズ

丸岡本陣

Pastry Snaffle's站前店

ゆうみん

TODOS
はこ民食堂
津輕屋食堂

2 Tea special shop HARV

弁財船（P.68）

滋養軒

はこだて柳金總本店

杉の子

根ほっけ

au

NTT函館

渡島信金函館支

プラネット

東橫イン函館大門

とんき
⑧大門店

日本銀行

4

パチンコマルハン

5 グリーンプラザ

函館金來軒

函館山

ヤン衆漁場

東雲広路

東雲町

広小路

道山

ホテルハートイン函館

函館水天宮

函館市役所

そば処 千寿

かしらや

笑てん

寿楽

つぼ八

三光堂

常寿し

海のがき大將

アガシの店

ぶんぶく茶釜

エビス軒

まつ本

大門

はるの餅

東雲町8

森内科

スーパーホテル函館

あんどろわ

松風町站 ⑤ツルハドラッグ

松風町

サンシティ

ホテル1

3

◀大人小孩都
能玩得盡興

可以馬上吃
剛釣起來的烏賊

`釣魚池` **元祖活いか釣堀**
がんそかついかつりぼり

可以把釣魚池釣上來的烏賊做成生魚片。
費用1000日圓左右。■5:30～13:30（11
月～4月6:00～13:30）☎0138-22-5330
（函館站二商業協同組合）

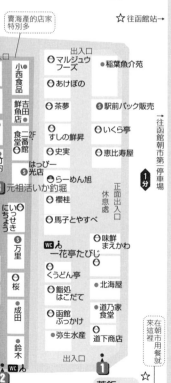

北菓り⑤

▲以螃蟹為首，還有蔬果、
海鮮等新鮮食材一應俱全

味の一番
竹田商店
高橋
松岡商店⑤

除了鮮魚與乾貨
以外，也有珍饈
等等品項豐富

▲店裡陳列許多海產，非常熱
鬧。也會聽見店員精神飽滿的叫
賣聲

`市場` **站二市場**
えきにいちば

販售新鮮的海產、乾貨、珍饈，以及蔬果等
等，2樓也有食堂。■5:30～14:00（11月～4
月6:00～14:00）／第3個週三（1月～6月）休
☎0138-22-5330（函館站二商業協同組合）

`海鮮` **蓋飯橫丁市場**
どんぶりよこちょういちば

賣海產的店家
特別多

出入口
⑤小西食品
●マルジュウフーズ
●稻葉魚介苑
⑤鮮魚吉田店
●あけぼの
食堂二番館⑤
●茶夢
●駅前パック販売
●すしの鮮昇
●いくら亭
⑤はっぴー光店
●史実
●恵比寿屋
⑤元祖活いか釣堀
●らーめん旭
正面出入口
休息處
●櫻桂
⑤にいせき
●馬子とやすべ
⑤万里
WCあ
一花亭たびじ
●味鮮まえかわ
⑤桜
●くうどん亭
●北海屋
⑤成田
●鮨処はこだて
●道乃家食堂
⑤鈴木
●函館ぶっかけ
道下商店
WC
●弥生水産
出入口

☆往函館站→

→往函館朝市第二停車場

1分

來在朝市用餐就

②站二市場
①蓋飯橫丁市場

散步時間約
1小時30分

蓋飯橫丁市場角
⬇步行2分
SAKURA觀光市場角
⬇步行3分
松岡商店前
⬇步行1分
蓋飯橫丁市場角

函館朝市

精神抖擻的叫賣聲此起彼落

編輯部 **最推薦！**

現撈的活烏賊很好吃！

函館的烏賊主要是初
夏～秋的北魷。夜晚
在鄰近的漁場作業，
早上從船上卸貨，保
持活跳跳地流到水槽
裡，因此新鮮度無可
挑剔。市區的主要料
理店都能品嘗到「活
烏賊」。

品嘗早市才有的新鮮海產

可以吃到新鮮海
產的食堂、拉麵
店，以及經銷海產
的店家等等，可以
享受函館滋味的店
家櫛比鱗次。
■9:00～17:00（週
六至15:00）／不定
休☎0138-22-
6034（函館朝市第
一商業協同組合）

▲（左）蓋飯的食品樣本成排展
示 （上）蓋飯橫丁市場「一花
亭たびじ」的活跳烏賊蓋飯1890
日圓

5

▶市場內的各店鋪位置每個月輪替

擠滿了鹽辛魚貝類與乾貨等眾多店鋪

市場 鹽干市場
えんかんいちば

　集結販售鮭魚乾、鹽醃鱈魚子與生筋子等海鮮醃漬品的店家。■5:00左右～14:00左右（營業時間、停業日視店鋪而異）／☎0138-23-1900（鹽干物組合事務所）

▶2014年重新裝修的時髦市場

新鮮的海產、蔬菜、水果任君挑選

市場 函館朝市廣場
はこだてあさいちひろば

　有「物產街」與「產直市」，以及Food Court。■5:00～14:00（Food Court6:00～15:00、營業時間、停業日視店鋪而異）／☎0138-21-1050（函館朝市まちづくりの会）

往函館灣岸大橋
摩周丸

函館箱菓子館

大和水産

ホテルファンタス

竹中商店

栄屋

弥生水産

オオグチ船岡商店

栄屋

坂田商店

巴通り

アルカヤ靴屋

きくよ食堂支店

金浜商店

きくよ食堂本店

桟ばし小路

加藤商店

●相本　●福沢
●佐藤　●高井
●小笠原

中村商店

カシメ水産

鹽干市場 **5**

2分 朝市仲通

朝市仲通這一側也有市場的出入口

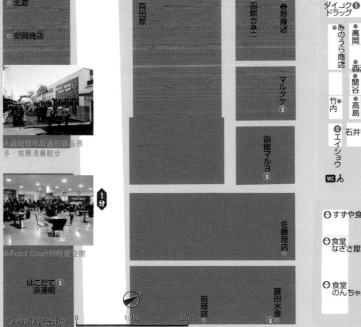

△函館朝市周邊的商品很多，推薦清晨散步

◀Food Court的時髦空間

北遊

高田屋

安岡商店

青野商店

函館カネニ

出入口

藤井商店

2F・二番館食堂

ダイークドラッグ

池田弘商店

カネソン矢商店

営慶

ゆたにフーズ

みのうら商店

高岡

黒島商店

広海水産

半田

来島商店

はこだて浪漫館

函館食堂

西海谷

関谷

村上コッカ

海星

中村

名辛

だるま寿司

千葉

竹内

高島

小池商店

ヤマヨ

中村

小西

ミニトマト

タス・コーポレーション

久保

コウ

商嶋本

石井青果

竹林

青佐果藤

西川商店

梅沢工房

マルタケ

WC

エイショウ

塚本

佐々木

商藤内佐

五十嵐

和農家的媽媽們聊天也很開心

イカール星

青山水産

阿部

伊藤

沙蘭

福岡

華族

こだわり

すずや食堂

あぐりスタンド

市場カフェ

生產者直售市場「產直市」

マルコシ

函館マルヨ

マルタケ

食堂なぎさ屋

Food Court

可以貫章魚蓋飯、海鮮汁等等飲食休息之空間

たこやきファクトリー花丸

佐藤商店

食堂のんちゃん

アゲ丸君

出入口

はこだて浪漫館

前商店

藤田水産

SAKURA視光市場

1:790 20m

4

函館朝市廣場

←往海岸區、元町
往●中央海産　☆
　●清江青果店↓

朝市大通

レクサバス停♀ **2分**

↓●往函館くじら屋

59

特別推薦 point

2

←倉庫裡有雜貨、伴手禮等店家

👆 **金森紅磚倉庫**
かねもりあかれんがそうこ

復古的建築物是海岸區的象徵

利用建於明治末期的倉庫群改成的複合型設施。■9:30～19:00（有季節性變動）／無休／☎0138-27-5530

1

建築物融合於歷史悠久的街景中→

常設展示作家們愛用的各種物品

文學館 函館市文學館
はこだてしぶんがくかん

參觀30分

展示石川啄木、龜井勝一郎、辻仁成等等與函館有淵源的作家的親筆原稿等資料。■9:00～19:00（11～3月至17:00）／過年期間休、可能臨時休館／300日圓／☎0138-22-9014

函館市街圖 p.4 ▶▶

0　　　1:5,940　　100m

函館港

函館市青函連絡船・紀念館摩周丸

散步時間約 **4小時00分**

末廣町電車站

↓步行2分

八幡坂

↓步行4分

金森紅磚倉庫

↓步行11分

魚市場通電車站

海岸區

復古又時尚的購物區

🚢 **HAKODATE BAY CRUISE BLUEMOON**
はこだてベイクルーズ　ブルームーン

共有2層樓，最多容納200人的觀光船。繞行函館港內一周約30分。■只在4月下旬～11月上旬行駛／期間中無休／乘船費1800日圓／☎0138-26-6161

編輯部 最推薦！

鮮為人知的氣氛佳地點

據說現在的函館站附近在棧橋完工前，會使用這裡讓停靠在海上的連絡船登陸。因為離海岸區也有些距離，人跡稀少，夜景也氣氛十足。

8 函館ベイ美食倶樂部

🍴きくよ食堂
🍣回轉寿司函館まるかつ水産本店
🍜あじさい
🍖羊羊亭
🍴めぐみ
🍴レストラン ノルテ
🍴海風樓

東館1F・⑪アゼリア
東館8F・⑪松前
西館9F・⑪VUEMER
函館ベイサイドセンター
ヤマト運輸
函館國際ホテル
（1934年建）ニチロビル
1F・⑪Cafe & Deli MARUSEN（P.70）

往P.56・57地圖→

HAKODATE BEER

9

5分

7

3分

★

靈波之光

大手ポンプ場

LEAVES HAKODATE（1911年建）
1F・◉cafe harujon-himejon（P.70）

前側石油ビル

GOAL

279 海峡通

(函館信金本店前)魚市場通站

コムテック2000

道南うみ街信金

兼八
⑤木の店
大手町
茉莉花

⑤PL教会
藤井商店

フコク生命ビル
大手町

P
大手郵局

ニッセイ函館ビル
市役所前站

朝日生命函館大手町ビル
市役所前
P
往函館站前
函館站前
宏樂園

東雲広路

9 當地啤酒 HAKODATE BEER
はこだてビール

附設啤酒廠的啤酒餐廳

←活用當地食材的餐點也很豐富

可以品嘗使用函館山的地下水釀造的啤酒。一杯567日圓。■11:00～15:00、17:00～21:30（有季節性變動）／週三休／☎0138-23-8000

◀也有人在店家前拍紀念照

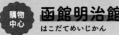

利用舊函館郵局改成的紅磚建築物

購物中心 **函館明治館**
はこだてめいじかん

利用從明治到昭和間的函館郵局建築物改建。伴手禮很豐富。■10:00～18:00（週六、日9:00開始，有季節性變動）／無休／☎0138-27-7070

◀建築物昔作為海產商的昆布倉庫

了解函館發展有貢獻的富商生涯

資料館 **箱館高田屋嘉兵衛資料館**
はこだてたかだやかへえしりょうかん

介紹高田屋嘉兵衛在江戶後期透過北方漁業與船運業，為函館的發展做出貢獻的歷史痕跡。■9:00～17:00／週四（逢假日則翌日休），冬季有休館日／300日圓／☎0138-27-5226

參觀30分

◀俄羅斯套娃 3888日圓

店裡滿是俄羅斯民間工藝品與進口雜貨

伴手禮 **ЛАВКА**
インポートラブカ

除了俄羅斯套娃外，還有齊全的俄國進口民間工藝品。羅列北海道限定品與世界各地的獨特雜貨。■9:30～19:00／無休／☎0138-27-8323

◀也可以寄送伴手禮到外地

新鮮的海產與加工品豐富齊全

伴手禮 **はこだて海鮮市場本店**
はこだてかいせんいちばほんてん

販售早上第一批上卸貨的海產、加工品、香腸，以及起司等等的乳製品，還有當地啤酒、當地酒等等。■7:00～20:00（有季節性變動）／無休／☎0138-22-5656

◀味濃醇厚的白色戀人霜淇淋

櫃裡集結了函館市內的人氣甜點

甜點 **Hakodate Rusama-ya Sweets**
はこだてルサマーヤ・スイーツ

玻璃櫃裡陳列了函館市內約10家店鋪的好評蛋糕。人氣商品是白色戀人的霜淇淋（350日圓）。■9:30～18:00／不定休／☎0138-26-9074

◀天然溫泉的足湯廣場免費開放（冬季休）

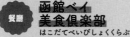

以足湯廣場為中心匯集北海道美食

餐廳 **函館ベイ美食倶楽部**
はこだてべいびしょくらぶ

匯集函館名產美食的人氣景點。■營業時間、公休日視店鋪而異／☎0138-23-6111（La Vista Hakodate Bay）

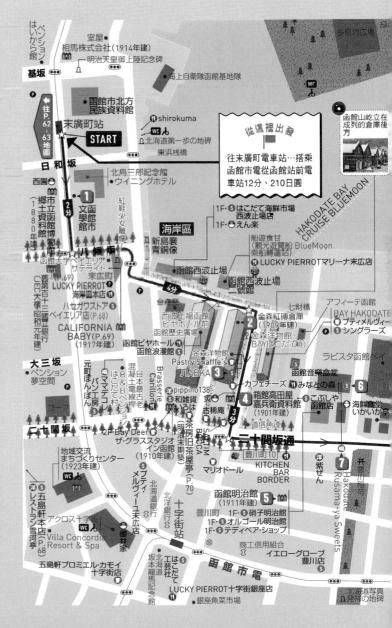

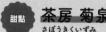

函館市街圖 ▶▶
p.4

從基坂仰望舊函館
區公會堂

新島襄海外渡航の地碑

海上自衛隊函館基地隊

🅜 shirokuma
● 東浜桟橋
● 北海道第一歩の地碑

函館港

HAKODATE BAY CRUISE BLUEMOON
（觀光遊寶船 BlueMoon
乘船轉運站）

新島襄青銅像

海岸區
1F・⑤はこだて海鮮市場西波止場店
1F・⑤えん楽
一函館西波止場
●函館西波止場
二號館

LUCKY PIERROT
マリーナ末広店

➡往P.60～61地圖

4分

GOAL ● 七財橋

金森庭場
歷史廣場
金森紅磚倉庫
（1909年建）
金森洋物館
（1903年建）
函館
いろは
和雜貨
島取染工房
Sindbad
2F・Bay Deer
グラススタジオイン函館
北洋銀行
箱館高田屋
嘉兵衛資料館
古稀庵
はこだて海鮮市場本店
海鮮食堂いかいか亭
函館明治館
（1911年建）

BAY HAKODATE
P

⑨

道信魚市場
こだてルサマーヤスイーツ

二十間坂通

茶房旧茶屋亭
（P.70）
（明治末年建）

KICHEN BAR BORDER

豐川町
10

START

函館市電
十字街銀座店
LUCKY PIERROT
銀座魚菜市場

● 商工信用組合

イエローグローブ
豐川店

工はこだて
芸工社
⑰
江口眼科病院
● 宮原

0   1:6,580   100m

甜點 | 茶房 菊泉
さぼうきくいずみ

4

▲ 豆腐白玉聖代680日圓
也有芝麻冰淇淋

使用自製食材的
甜點店

利用1921（大正10）
年蓋的批發酒店的別
墅改造而成。人氣商品
是鑲有用豆腐揉製成
的白玉的「豆腐白玉聖
代」。■10:00～17:00
／週四休／☎0138-
22-0306

特別推薦
point

● 絕佳的眺望景
點，眼前展現遼闊
的函館港

👆 八幡坂
はちまんざか

聳立於坡路的城鎮・函館元町的名勝

這是廣告、電視、電影等等外景拍攝
常用的坡道。兩側延伸的道路有行道
樹，坡道下是函館港，前方則可以看見
青函連絡船「摩周丸」。

2

▲ 白灰泥的牆
壁、綠色銅板屋
頂的尖塔令人印
象深刻

日本第一座俄羅
斯東正教堂，
是元町的象徵

教堂 | 哈利斯特斯東
正教堂
はりすとすせいきょうかい

參拜 30分

建於江戶時代末期，作為俄羅斯領事館的
附屬教堂。■10:00～17:00（週六至16:00、
週日13:00～16:00）／不定休／捐款200日
圓☎0138-27-3333（元町觀光服務處）

從這裡出發

往十字街電車站…搭乘
函館市電從函館站前電
車站5分、210日圓

散步時間約
4小時00分

元町

在西式復古的街區散步

十字街
電車站

🚶步行12分

哈利斯特斯
東正教堂

🚶步行12分

八幡坂

🚶步行4分

金森
紅磚倉庫

編輯部 最推薦！

從坡路上眺望的樂趣

從大三坂再往上延伸
的坡道稱為
CHACHANOBORI。
這段陡坡走起來有些
累人，不過一邊眺望
不同宗派的教堂，爬
到最頂端後，回頭看
港口城市的風景很令
人感動。

◀ 手掌尺寸的建築
物「梅里型木造建
築」1900日圓～。
行道樹756日圓

1

逛遍當地
藝術家製作的
工藝品

藝廊 | GALLERY MURAOKA
ぎゃらりーむらおか

介紹木、土、皮革、玻璃製品等等，以函
館為首的北海道藝術家的作品。■10:00～
19:00／週三休（逢假日則營業）☎0138-
27-2961

62

6

◄高地上的公園
可以俯視港口

公園 **元町公園**
もとまちこうえん

可以一邊眺望
函館港，一邊在
樹陰下休息片刻

散步
30分

　設置箱館奉行所與開拓使的遺跡地。舊北海道廳函館支廳廳舍是元町觀光服務處與函館市寫真歷史館。☎0138-27-3333（元町觀光服務處）

5

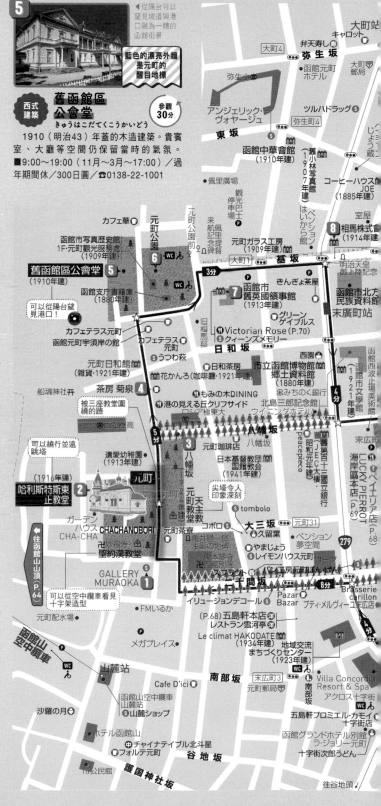

◄從陽台可以
望見坡道與港
口融為一體的
函館街景

西式建築 **舊函館區公會堂**
きゅうはこだてくこうかいどう

藍色的漂亮外牆
是元町的
醒目地標

參觀
30分

　1910（明治43）年蓋的木造建築。貴賓室、大廳等空間仍保留當時的氣氛。◼9:00～19:00（11月～3月～17:00）／過年期間休／300日圓／☎0138-22-1001

7

◄中庭也有玫瑰花園

紀念館 **函館市舊英國領事館**
はこだてしきゅういぎりすりょうじかん

有許多舶來品，
了解開港當時的
歷史

參觀
30分

　原為領事館的西式建築，現為公開展示述說函館歷史的紀念館。也附設咖啡廳與商店。◼9:00～19:00（11月～3月至17:00）／過年期間休／300日圓☎0138-27-8159

8

◄位在基坂的下方，綠色的外牆是特徵

西式建築 **相馬株式會社**
そうまかぶしきがいしゃ

復古樣式是
保存至今的大正
文藝復興建築

參觀
10分

　1916（大正5）年，由函館的富商相馬興建的建築物，是函館市傳統建築。此建築稱為帕拉第奧式樣式，2樓的窗戶很有特色。◼不可參觀內部

9

◄雙色束口袋
1000日圓

只有函館
才買得到的
烏賊墨染

伴手禮 **烏賊墨染工房**
Singlar's
シングラーズ

　使用烏賊墨汁當墨水染色的染布。以包袱布、手巾等布製品為主，變化豐富。◼9:30～19:00／無休／☎0138-27-5555

▲函館山的夜景，漆黑海洋與耀眼燈光的對比令人印象深刻

散步時間約 1小時30分

十字街電車站

↓步行7分

函館山空中纜車山麓站

↓搭空中纜車3分

函館山展望台

搭乘空中纜車到山頂！

函館山

1 函館山空中纜車
はこだてやまろーぷうぇい

特別推薦 point

散步1小時

從山麓站約3分鐘一口氣到達山頂

可容納125人的大型車廂，以最高速秒速7m到達山頂只要約3分鐘。隨著高度上升，視野也逐漸開闊，令人情緒高昂。■10:00～22:00之間每隔10分鐘行駛（10月16日～4月24至21時／10月中旬開始有1個月左右的停業時間／單趟780日圓、來回1280日圓／☎0138-23-3105

▶車廂的窗戶很大，可以清楚地看到外面

函館市街圖 p.4 ▶▶

為了更好眺望景色，搭登山巴士上山時坐行進方向的右側，下山時則要坐左側座位

從這一帶眺望的景色美麗又空曠

瞭望遠眺函館灣

2F・Ⓢ 山頂商店
2F・🍴 Restaurant Genova
3F・☕ ティーラウンジ レガート

可一覽函館市街景

332▲

♨函館山

山頂展望台 2

民放テレビ送信所

函館山

山頂站

NHKテレビ送信所

函館山空中纜車 1

山頂廣場的函館山碑。天氣好的日子也可以從這裡遠望駒岳

1:4,210 100m

観音山 ▲265

1:24,800 300m

3 函館山登山巴士

函館山

薬師山 ▲252

山頂展望台

函館山 ▲332

山頂站

船魂神社 卍
西高グラウンド
函館西高

民放テレビ送信所

NHKテレビ送信所

函館山空中纜車

護国神社 卍

函館山ふれあいセンター
青函連絡船殉職者慰霊碑卍

山麓站

妙福寺 卍

登山口

2

◀也能欣賞夜景的Restaurant Genova

附設餐廳等設施，可以購物和享用美食

山頂設施 **函館山展望台**
はこだてやまてんぼうだい

參觀1小時

1樓是山頂站，2樓是餐廳和商店。■Restaurant Genova＝11:00～21:00LO（冬季20:00LO）／休息日同空中纜車／☎0138-27-3127

3

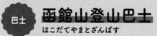

◀搭乘穿過市街慢慢上山的巴士也很有趣

直達函館山山頂不需換車！

巴士 **函館山登山巴士**
はこだてやまとざんばす

車掌會導覽解說函館山以及登山道的賞景重點。■17:00～20:00／從4月下旬至11月上旬的行駛期間無休／來回800日圓／☎0138-22-8111（函館巴士）

1 ◀可以瞭望整座五稜郭

從展望台可以看見360度的大全景

展望台 五稜郭塔
ごりょうかくたわー

參觀 30分

可以從高度90m的展望台一覽五稜郭。■8:00～19:00（10月21日～4月20日9:00～18:00，可能變動）／無休／展望台840日圓☎0138-51-4785

2 ◀可以參觀內部的箱館奉行所

因賞櫻名勝知名的綠意盎然公園

史蹟 特別史跡 五稜郭跡
とくべつしせきごりょうかくあと

散步 30分

西洋式城郭是箱館戰爭的舞台。幕末時也是負責北邊警衛的箱館奉行所。■箱館奉行所＝9:00～18:00（11月～3月至17:00）／不定休／入館費500日圓☎0138-51-2864

散步時間約 **4小時00分**

五稜郭公園前電車站

🚶步行10分

五稜郭塔

🚶步行7分

特別史跡五稜郭跡

前往箱館戰爭的遺跡

五稜郭

（P.69）夏井珈琲 Brucke

創価学会

五稜郭町27

北海道全圖 p.5 ▶▶

函館市総合保健センター

五稜中

函館寿太郎海鮮処五稜郭店

五稜郭橋

ちいさなしあわせパン

函館市中央図書館

ヤクルト

ビーピーリー

WC

2 特別史跡五稜郭跡

箱館奉行所

GOAL

五稜郭町会

青色会館

お休処 いたくら柳野

田家町 五稜緑地

六花亭五稜郭店

WC

亀田川

中央署

WC

1F・味彩食堂
2F・函館麺厨房あじさい本店
渡辺信金
ドコモ

五稜郭町

サッポロビール

五稜郭町

2F・函館カレーEXPRESS
2F・四季海鮮旬花
2F・ミルキッシモ函館五稜郭タワー店

恩村内科

Mobil

ルーテル函館教会

末天金

1 五稜郭塔

柳町

シュウェット カカオ

ハセガワストア五稜郭店

新北闘地高校

函館

LUCKY PIERROT 五稜郭公園前店

ふでむら

ルートイングランティア函館五稜郭

函館リッチホテル

五稜郭

函館立函館美術館

洋資料館

らーめん炙とんき

N

柏野小

千代田小

フコク生命

五稜郭

五稜郭病院

北海道立函館美術館

五稜郭支援学校

1:11,920 200m

ホテルテトラ

四季花菜

とん兵衛

地中海バルリーガ

気腹志

モランボン

北陸

1F・漁鮮水産
2F・わん
3F・赤鶏御殿
4F・柚柚
5F・北風

ひらき家

五稜郭ガーデン

シダックス

ラトナ

きりんじ

坐・和民

本町

高龍寺

郷土風味 魚来亭

四季粋花亭

松陰郵局

とき田

シエスタハコダテ

五稜郭公園前站

Kapa

杉並町23

ひとつ風

往湯之川

みずほ

バスタリア

北海道

北洋

ホテルナッツ函館

神戸こむぎ館

杉並町駅

鮨政

7F・カフェ&レストランフォルテ
1F・サンド・テ・ペシェ・ミニヨン

宇多屋

本町29

大文字

Felice

杉並町22

一乗寺内

寿司料理ふじ

LUCKY PIERROT 本町店

すし蔵

ダイニングバー酒KURE

長寿庵

ICHIZENYA キャンパス

ドーミーインEXPRESS函館五稜郭

うみ街信金

箕輪

舛甚

いか清 **3**

中央病院前站

千代台公園

千代田町

欧風居酒屋海の駅

本町

まんてんや

本町4

田中病院

魯山人

遺愛女子中・高

函館YWCA

遺愛学院旧宣教師館

ベリーズバー

レストランバスク

遺愛学院旧宣教師館

千代田町28

函館市

從這裡出發

往五稜郭公園前電車站…搭乘函館市電從函館站前電車站16分、230日圓

◀從一之橋進入公園裡

◀也有展示箱館戰爭使用的大砲

3 ◀透明漂亮的烏賊

新鮮度最高的魚料理與原創料理

和食 いか清
いかせい

烏賊料理尤其廣受好評，水晶握壽司58□日圓（2貫）很有人氣。■17:00～23:30LC（週日、假日22:30LO）／無休／☎0138-54-1919

▲大沼湖充滿清冽的水

北海道全圖 ▶▶
p.5

散步時間約
3小時**30**分

大沼公園站

↓步行27分

湖月橋

↓步行40分

釣堀太公園

↓步行32分

大沼公園站

獲選為新日本三景的景觀

大沼公園

◀因為有屋頂，雨天也能航行

可以從湖上眺望壯觀的大沼景色

5

遊覽船 **大沼・小沼巡島遊覽船**
おおぬま・こぬましまめぐりゆうらんせん

周遊**30**分

　遊覽船可以一邊前進一邊眺望島群與圍繞湖泊的原生林。此外也有汽艇（10分1600日圓）。■大沼合同遊覽船／8：00～17：00／4月中旬～11月下旬／乘船費1100日圓／☎0138-67-2229

◀屋頂有可以望見大沼的展望台

6

大沼的伴手禮一應俱全，也可以用餐

餐廳、伴手禮 **大沼展望閣**
おおぬまてんぼうかく

　以大沼的名產為中心，北海道的伴手禮一應俱全。餐廳的人氣餐點是獨創的漁夫蓋飯1280日圓。■9：00～17：00（11月～4月至16時）／無休☎0138-67-3311

騎自行車繞湖畔也很愉快

　如果有充裕的時間與體力，可以在車站前租自行車在湖畔騎車旅行，感覺很舒服。幾乎平坦而且整修良好的道路很好騎，並能飽享大沼的自然風光。騎1圈約1小時10分。

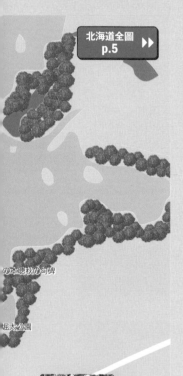

の本暁秋の句碑

堀太公園

▲1915年，日本的實業之日本社出版的《婦人世界》創刊10周年選定為「新日本三景」的紀念碑。碑文是東鄉平八郎之筆

N
0　　　　1：7,720　　　200m

◀當地啤酒的口味爽口醇厚

使用講究的天然水製造的當地啤酒

7

當地啤酒 **ブロイハウス大沼**
ぷろいはうすおおぬま

　使用橫津岳山麓湧出的水製造當地啤酒（500ml一瓶1080日圓～）。店裡可以品嚐當地啤酒與香腸。■9：00～16：00／無休／☎0120-162-142

◀也可以在露臺吃午餐

8

在有木頭暖意的餐廳享用慢食

洋食 **COUNTRY KITCHEN WALD**
かんとりーきっちんばると

　可以品嚐活用當地食材的菜色。當季料理拼盤1620日圓。■11：00～15：00、17：00～21：00（20：30LO）／週三、四休☎0138-67-3877

③ 自然散步路線
しぜんさんさくこーす

特別推薦 point

一邊散步、一邊近距離觀看多采多姿的動植物

除了渡橋跨越七座巡遊小島的「巡島之路」（50分鐘路線），有《化為千風》紀念碑的「大島之路」（15分鐘路線）以外，還有20分、25分鐘的路線，請配合自己的時間與體力選擇。還可以觀察到水楢、赤楊等巨木；山啄木鳥、翠鳥等野鳥；石楠花、睡蓮等許多動植物。

▶（上）林中延伸的小徑「巡島之路」　（下）也有許多駒岳的觀景景點

④

◀不同時期也有遊艇午餐的活動

悠閒度過欣賞湖畔景觀的時光

洋食 **Table De Rivage**
たーぶる どぅ りばーじゅ

餐點使用當季的當地食材，還可以品嘗到糕、咖啡等等。烤大沼牛的午餐1650日圓。
■11:30～19:00LO／週二休／☎0138-67-3003

②

◀一個只有約小指尖的一口大小

有許多穩定支持者的大沼伴手禮

伴手禮 **沼の家**
ぬまのや

1905（明治38）年創業。有芝麻和醬油、紅豆餡和醬油兩種盒裝（小390日圓、大650日圓）。■8:00～18:00左右（售完打烊）／無休／☎0138-67-2104

①

◀享受四季應時的當季美味

鄉土料理使用大沼牛等當地才育的食材

和食 **源五郎**
げんごろう

可以品嘗河魚與山野菜等當地的當季美味。推薦大沼牛陶板燒定食2000日圓、蕎麥麵850日圓。■11:00～15:00／週三休／☎0138-67-2005

從這裡出發

往大沼公園站…搭乘JR函館本線特急「北斗號」「超級北斗號」從函館站約20分、自由座1160日圓。搭乘普通列車約50分、540日圓。從新函館北斗站搭乘「北斗號」「超級北斗號」約10分、自由座570日圓

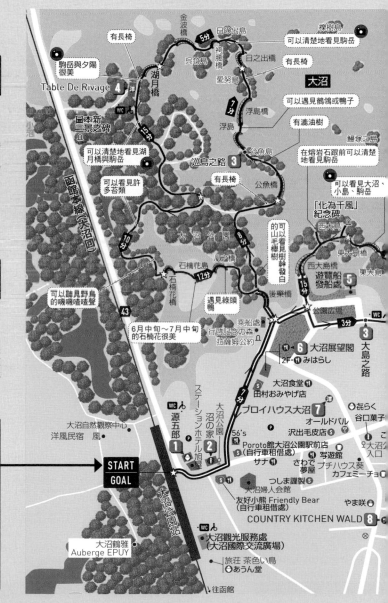

金波橋
日之出島
櫟樹島
可以清楚地看見駒岳
有長橋
有長橋
駒岳與夕陽很美
呉竹島
袴腰橋
日之出橋
大沼
Table De Rivage ④
湖月橋
愛努島
可以遇見鶴鶄或鴨子
浮島橋
浮島
有濃油樹
日本新三景之碑
可以清楚地看見湖月橋與駒岳
巡島之路 ③
公魚島
鰻塚之島
在熔岩石跟前可以清楚地看見駒岳
可以看見許多苔類
有長橋
公魚橋
可以看見大沼、小島、駒岳
「化為千風」紀念碑
西大島
函館本線（大沼回）
可以看見山毛櫸純粹白
大沼公園
西大島最深
東大島
石楠花島
八之橋
西大島橋 遊覽船發船處
石楠花橋
12分
遇見線頭 鴨
後樂橋
可以聽見野鳥的啁啾嘎嘎聲
6月中旬～7月中旬的石楠花很美
乘船處
行啓記念之森 拉薩姆公約
公園廣場
3分
③ 大島之路
⑥ 大沼展望閣 2F・みはらし
大沼食堂
田村おみやげ店
プロイハウス大沼 ⑦
オールドバル
谷口菓子
大沼自然觀察中心
洋風民宿 風
源五郎 ①
沼の家 ②
START GOAL
大沼公園站
56's
Poroto館大沼公園駅前店（自行車租借處）
サナ
さわで夢館
プチハウス葵 カフェミーチョ
大沼婦人会館
友好小熊 Friendly Bear（自行車租借處）
つしま謹製
やま咲
COUNTRY KITCHEN WALD ⑧
大沼鶴雅 Auberge EPUY
大沼觀光服務處（大沼國際交流廣場）
旅荘 茶色い鳥 あうん堂
往函館

可以盡情享用
海膽原始的甜味

1 うにむらかみ 函館本店

除了無添加調味的生海膽蓋飯4320日圓以外，也有用海膽殼的容器烤成的「自製海膽店的焗烤海膽」918日圓等餐點。

海鮮

2 滋養軒

用豬大骨、雞骨、數種蔬菜以小火熬煮而成的湯頭，成品清澈得驚人。函館鹽拉麵500日圓。

拉麵

湯頭清淡不膩

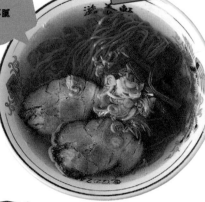

函館珍藏 美食&咖啡廳

人氣的海鮮蓋飯與地方美食！

從船上卸貨的近海海產就不用說了，函館的地方美食也盡是絕品。咖啡廳與獨創的甜點種類豐富，在城鎮逛街時也能享受美食之旅。

洋食

3 五島軒本店

咖哩附炸蝦、燉牛舌、甜點等等的明治洋食&咖哩套餐2160日圓。

咖哩從創業當時就維持不變的滋味，廣受好評

---

4 ハセガワストア ベイエリア店
はせがわすとあべいえりあてん

被暱稱為「Hasesuto」的人氣店家。點餐後才製作，隨時能吃到熱騰騰的便當。天氣好的時候去外面吃也不錯。■7:00～22:00／無休☎0138-24-0024

海岸區／p.61

3 五島軒本店
ごとうけんほんてん

明治12（1879）年創業的老洋食店。咖哩與創業當時相同，用一樣的食譜製作的咖哩塊為基底。■11:30～20:30LO（11月～3月20:00LO）／1～2月的週一休／☎0138-23-1106

元町／p.63

2 滋養軒
じょうけん

搭配透明的湯頭，只用雞蛋與鹽水製作的自製中粗直麵也廣受好評，令人還想再吃。■11:30～14:00、17:00～20:00／週二休／☎0138-22-2433

函館站周邊／p.57

1 うにむらかみ 函館本店
うにむらかみはこだてほんてん

可以品嘗不同季節的海鮮料理，海膽加工會社的直營店。不管哪一道菜都新鮮無比。■9:00～14:00LO（10月～4月中旬11:00開始）、17:00～21:00LO／週三休／☎0138-26-8821

函館站周邊／p.57

5 LUCKY PIERROT 海岸區本店

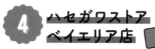

人氣第一的中式雞肉漢堡378日圓，夾著甜鹹的中式口味炸雞，分量十足！

漢堡

4 ハセガワストア ベイエリア店

便當

店家的知名商品是烤雞肉串便當（小）445日圓～。竹籤上穿刺的不是雞肉而是豬肉，據說這是道南區域的常識。

插上豬肉一樣叫「烤雞肉串便當」

味道、分量都大滿足的當地漢堡

在包廂品嚐的霜降黑毛和牛壽喜燒

和食

6 阿佐利本店

明治時代創業的壽喜燒專賣店。可以品嚐日本產的黑毛和牛沾上傳統的雞骨湯與佐料汁。特選上級和牛沙朗3900日圓。

可以品嚐使用函館名產烏賊與當地蔬菜的當地美食「函館烏賊日式拿坡里義大利麵」。還加了長香腸，口味濃厚。

招牌菜Cisco Rice770日圓是奶油飯上淋了濃厚的番茄肉醬。還放了2條法蘭克福香腸，很有分量。

咖啡廳

日式拿坡里義大利麵和烏賊非常搭配！

8 夏井珈琲Brucke

洋食

7 CALIFORNIA BABY

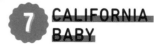

Cisco Rice已經是代表現今函館的口味！

---

8 夏井珈琲 Brucke

なついこーひーぶりゅっけ

店家自家烘焙的咖啡很好喝。店的內外開著漂亮的花卉，氣氛華麗。■10:30～21:30LO（週六、日、假日11:00～21:00LO）／週三休（逢假日則營業）／☎0138-52-3782

五稜郭／p.65

7 CALIFORNIA BABY

カリフォルニア・ベイビー

在大正時代的郵局建築物改建成的店面中品嚐洋食。風格很像美國西海岸海城市的餐廳酒吧。■11:00～22:00（21:30LO）／週三休／☎0138-22-0643

海岸區／p.61

6 阿佐利本店

あさりほんてん

店鋪是把明治時代在青森的建築物移建而來。可以在富含風情的包廂裡慢慢享用餐點。■11:00～20:30LO（午餐只限平日，13:00LO）／週三休／☎0138-23-0421

函館／p.4

5 LUCKY PIERROT 海岸區本店

らっきーぴえろべいえりあほんてん

在日本全國擁有許多粉絲，函館的漢堡店。點餐以後才會手工現做，十足的分量也是特色之一。■10:00～翌日0:30（週六至翌日1:30）／2月有不定休／☎0138-26-2099

海岸區／p.61

69

在洋溢大正浪漫的空間，盡情享用和風甜品

咖啡廳

10 茶房 旧茶屋亭

可以在日西合璧的珍貴建築物中放鬆。除了和風甜品以外，日本茶與咖啡也很受歡迎。

土牆倉庫改裝而成的時尚咖啡廳

咖啡廳

9 Cafe harujon-himejon

除了牛排飯1080日圓以外，也有簡餐與義大利麵等等，餐點豐富。

溫暖的陽光灑進懷舊氛圍的空間中

咖啡廳

11 Cafe&Deli MARUSEN

除了濃縮咖啡與馬斯卡彭起司聖代702日圓以外，甜點也很豐富。自製麵包和鬆餅也是人氣商品。

在氣氛優雅的店裡悠閒放鬆

咖啡廳

11 Victorian Rose

推薦三明治或附司康、小蛋糕的下午茶套餐1500日圓。

---

12 Cafe&Deli MARUSEN
かふぇあんどでり まるせん

利用昭和9（1934）年建的建築物改成的店鋪。灰泥的天花板施作了雕刻，氣氛復古。■9:00～18:00（早餐至11:00）。用餐17:00LO、飲料17:30LO）／週二休☎0138-85-8545

海岸區／p.60

11 Victorian Rose
ヴィクトリアン　ローズ

大正2（1913）年建的舊英國領事館附設的咖啡廳。可以在英國的家具包圍中，品嘗道地的紅茶。■9:00～19:00（11月～3月至17:00）／無休☎0138-27-8159（函館市舊英國領事館）

元町／p.63

10 茶房 旧茶屋亭
さぼう　きゅうちゃやてい

由明治末期的海產商店鋪兼住宅改裝成的甜點店。店裡擺設了義大利製的家具，日西合璧的氣氛。■11:30～17:00（7月～9月11:00開始）／週四休☎0138-22-4418

海岸區／p.61

9 Cafe harujon-himejon
Cafeハルジョオン・ヒメジョオン

由2層樓的舊土牆倉庫改裝成的咖啡廳。可以在木製餐桌與椅子上悠閒度過時光。■11:30～翌日0:00（週日至21:00）／週一休（逢假日則翌日休）／☎0138-24-6361

海岸區／p.60

旭川・美瑛・富良野

▲義大利麵與披薩1050日圓

5

義大利菜 KIMIHIRO
おすてりあきみひろ

適合配葡萄酒的餐點也很豐富

　以北海道產食材為主的義大利菜餐廳。晚上以單點菜為主，也有供應使用知床雞與北海道產和牛的料理。■18:00～22:00LO／週日休☎0166-26-8138

▲鹽味內臟324日圓，豬頸肉432日圓超便宜！

4

燒肉 炭や
すみや

鹽味內臟&豬頸肉的發祥店

　推薦從這家店引起流行的豬頸肉。約2500日圓就能好好享受吃喝一頓。■17:00～23:00LO（週日、假日16:00～22:00LO）／不定休☎0166-26-4303

散步時間約 **1小時30分**

旭川站
↓ 步行12分
4条通8丁目交叉路口
↓ 步行5分
4条通6丁目交叉路口
↓ 步行8分
1条通6丁目交叉路口

旭川
海鮮意外地也很好吃！

北海道全圖 **p.5** ▶▶

3

▲店裡的氣氛輕鬆

也受當地人喜愛的老店

咖啡廳 珈琲亭ちろる
こーひーていちろる

　小說《冰點》中也曾登場的老牌咖啡廳。可以選擇淺焙、中焙、深焙的綜合咖啡550日圓。■8:30～18:00／週日休☎0166-26-7788

▲1947（昭和22）年創業的老店。拉麵750日圓～

山珍海味的雙重湯頭是其魅力

2

拉麵 旭川らぅめん青葉
あさひかわらぅめん あおば

　是醬油口味旭川拉麵的創始者，有穩定的支持者。■9:30～14:00、15:00～19:50LO（週日、假日～18:00LO）／週三（逢假日則翌日）休☎0166-23-2820

▲Taisetsu Pilsner（玻璃杯裝）480日圓。也有午餐餐點

1

細細品嚐當地啤酒與當地料理

餐廳 TAISETSU JI BEER
たいせつじびーるかん

　當地啤酒的製造工廠也兼營啤酒餐廳。除了皮爾森與愛爾啤酒以外，也能品嚐季節限定的啤酒。■11:30～22:00／過年期間休☎0166-25-0400

郊外值得一看的地方

　「雪的美術館」可以看見以雪和雪的結晶為主題的裝飾與資料。■9:00～17:00／無休／700日圓☎0166-73-7017

　「三浦綾子紀念文學館」展示以小說《冰點》聞名的作家——三浦綾子的相關資料。■9:00～17:00／無休（10月～5月週一休）／500日圓☎0166-69-2626

從這裡出發

　往旭川站…從札幌搭乘JR特急「超級神威號」1小時30分、4810日圓（自由座），旭川站下車

旭川市役所前　旭川聖パウロルーテル教会　旭川市役所　旭川中央署　旭川東高　旭川グランドホテル　永隆橋通　緑橋通　向日葵　ほくぶくろ　三光舍　ホテルクレッセント旭川　五条軒　お好み焼東　しゃぶしゃぶけんけい　みずほ　旭川信金　日本政策金融公庫　ホテルレオパレス旭川　らーめんや天金　緑橋　珈琲亭ちろる　キャラバンサライ　テルカンダ　ビストロファソン　旭川ビジネスホテル　旭川らぅめん青葉　北海道　稚内信用金庫　損保ジャパン　アダージョ　マル粉ポーロ　東横INN　旭川駅前一条通　ビール旭川　一条通　西武A館　山頭火　武部　ホテルルートイングランド旭川駅前　トヨタレンタリース旭川　ホテルメイツ旭川　宮下9　宮下通　歐力士租車　旭東川橋　往旭川機場乘車處　北彩都病院　日本租車　ホテルWBFグランデ旭川　往旭山動物園乘車處　銀座ライオン　往愛別　往新旭川　往富良野　宗谷本線・石北本線　富良野線

（右下地圖）往別刈湖IC　往士別　往劍淵　北永山站　永山站　あさひかわラーメン村　櫻岡站　石北本線　北日之出站　旭川市旭山動物園　壺屋木花之杜　富良野線　旭川市科學館「サイバル」　北の富士本店　櫻屋　三浦綾子紀念文學館　神樂岡站　富良野　美瑛　雪的美術館　壺屋総本店　國際染織美術館　優佳良織工藝館　雪的美術館　旭川鷹栖IC　近文站　旭川四條　新旭川站　南永山站

1:371,140

人人出版

日本觀光列車之旅

定價：450元

移動旅行的新感動體驗！

鐵道迷不可錯過的決定版
鐵道專家——蘇昭旭
旅行文字人——Milly 強力推薦

● 多達33種周遊路線，
貼身設計專屬2天1夜之旅
● 日本各地人氣列車與沿線觀光導覽
● 豐富選擇滿足不同遊玩需求
寢台列車／忍者列車／
美食列車／暖爐列車…

釧路濕原號

富良野・美瑛慢車號

旭山動物園號

7

◀新鮮無比的美味北海散壽司
3300日圓

> 大啖美味可口的北海道各地食材

壽司　二幸本店
にこうほんてん

大量使用北海道捕獲的海產製作料理，並以此為傲的老店。■11:00～14:30、16:30～22:00（週日、假日11:00～22:00）／週一不定休☎0166-22-5070

8

◀前田慕一作品「貓頭鷹」2940日圓

> 有許多北海道的個性工藝品

工藝品　GALLERY梅鳳堂
ぎゃらりーばいほうどう

藝廊主要展示販售居住北海道的藝術家創作的原創木工工藝品、陶器等等。有許多最適合當伴手禮的作品。■10:00～19:00／無休／☎0166-23-4082

9

◀人氣餐點是鱈場蟹相撲火鍋3700日圓。鮭魚相撲火鍋2500日圓

> 道once人氣點的老闆是知名橫綱相撲力士的姪子

相撲火鍋　北の富士本店 櫻屋
きたのふじほんてん さくらや

由出身旭川的前橫綱相撲力士・北之富士勝昭先生的姪子經營的相撲火鍋名店。■11:00～14:00、16:30～21:00LO／週一休（逢假日則營業）☎0166-22-8264

10

◀使用大量木材的外觀。內有廣闊舒適的空間

> 眺望花園並享用限定甜點

西點 和菓子 咖啡廳　壺屋 木花之杜
つぼや きばなのもり

附設旭川知名點心「木花」的製造工廠，也可以參觀。也有咖啡廳「文樂」、旭川手工藝品與花店可以放鬆休息。■9:30～19:00／不定休☎0166-39-1600

6

◀也有其他地方吃不到的蝦夷料理

> 若要品嘗稀有的風味與菜色就來這裡

鄉土料理　花まる亭
はなまるてい

可以享用鮭魚鏘鏘燒花まる風1500日圓（稅另計）等等的創作蝦夷料理。■11:30～14:00、17:00～23:00／週日（週一逢假日則營業改週一休）／☎0166-26-7206

七条通　7条6　旭川ラーメンすがわら
ロワジールホテル旭川　40
旭川トーヨーホテル
旭川中央郵局　1F・ふかがわ　2F・味処家族亭
NHK旭川放送會館　六条通　ニッサル　八角　梵丸山　昭和通　佐久間病院
天然溫泉神威の場　ドーミーイン旭川　酒菜花の家
五条通　コーヒーショップマルタ
大休寺　北の酔い処せんや　4条7　敦煌
KIMIHIRO　ラーメン・天金　居酒屋ユーカ
デリィ'Sキッチン　食彩味三昧　大黒屋
ラーメンばら　ちょうちん　天金　七丁目白木屋　福雕
熊谷病院　伊達銀次郎商店　板前国部　みよしの　4条昭和通　アゼイリア　花まる亭
焼肉酒場陽樹　キツネの卵鮮家光喜　福雕　天本店
鮨みなと　かき料理の店 野はら　GALLERY梅鳳堂
にくよし　かに紅船　とりこや　一蔵　二幸本店　7　大江
味处天金　草宮越屋珈琲　オク
明炯亭　比翼　まつ田　bistrot Spoon　旭川サンホテル
遠軽信金　2条昭和通　machiba　マルカツ
El sol de Cataluna　タリーズコーヒー
スマイルホテル旭川　とんかつ井泉　うる屋
カフェ・ティファニー　1条昭和通　1条6　1条7
ルートイン旭川駅前　中央巴士旭川轉運站
とりせん　ナマステネパール
プレミアホテルCABIN旭川　藤田観光ワシントンホテル旭川
JR北海道支社
櫻北富士本店　N　イオンモール旭川駅前
JRイン旭川
1:9,180　100m　1F・ロイズ　柳月　きたキッチン（道産食品選貨店）
函館本線
往ち　有販售家常菜、便當的美食區

北海道全圖
p.5 ▶▶

1F·動物資料展示館
2F·動物圖書館

●動物慰靈碑

第2兒童牧場

●孔雀舍

兒童牧場

●野外舞台

增加了改裝的新遊具。日
本獼猴的動作很有趣

5分

ASAHIYAMA
Zooclub Gallery

●猴山

旭山動物園くらぶ
東門shop

7分

●北海道原產
動物區

黑猩猩森林·
黑猩猩館

猴館

長臂猿館

加拿大馬鹿●

●毛腿魚鴞舍

水豚·猴

蜘蛛猴

可以看見黑猩猩精力
充沛到處玩遊具的樣
子。有長椅

●小動物舍

小動物舍

朝蜘蛛猴·水豚館
走的長下坡階梯

❶ガーデンテラス
ライオン
テイルンテイル
管理事務所
WC

連接蜘蛛猴·水豚
館前與東門的免費
接駁車

拍攝紀念照用紀念碑

東門

瞭望園內與市街

❻
紅毛猩猩舍·
紅毛猩猩館

可以看見紅毛猩
猩在高17m的地
方攀繩

❻

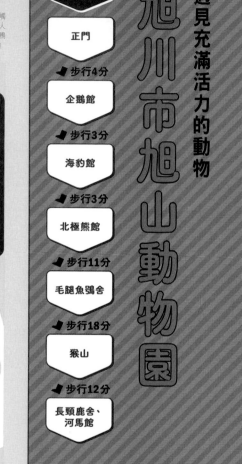

◀山羊餵食秀時間是
在這麼高又窄的地
方……

◀在兒童牧場可以觸
摸很多動物是吸引人
之處，也有綿羊、鴨
子、天竺鼠等小動物

散步時間約
4小時00分

正門

↓步行4分

企鵝館

↓步行3分

海豹館

↓步行3分

北極熊館

↓步行11分

毛腿魚鴞舍

↓步行18分

猴山

↓步行12分

長頸鹿舍、
河馬館

遇見充滿活力的動物
旭川市旭山動物園

遊園方式的重點&資料

建議從正門開始，從企鵝館到海豹
館、北極熊館，感覺像一筆畫逆時鐘方
向移動。也可以先去正門和西門的布告
欄查看「餵食秀時間」的表演時間。
■9:30～17:15（10月16日～11月3日
9:30～16:30、11月11日～4月7日
10:30～15:30），入園截止時間16:00
（冬季為閉園前30分），4月9日～27
日、11月4日～10日、12月30日～1月1
休園（2018年度）／入園費820日圓／
☎0166-36-1104

---

❻

紅毛猩猩舍·
紅毛猩猩館
おらうーたんしゃ·おらんうーたんかん

可以觀察紅毛猩猩在高17m享受空中散步
的樣子；紅毛猩猩館可以近距離看見牠們攀
繩的模樣。

---

❼

蜘蛛猴·水豚館
くもざる·かぴばらかん

巧妙用尾巴移動的蜘蛛猴，與世界最大的
老鼠——水豚同居的區域。

展示設施

長頸鹿舍·
河馬館
きりんしゃ·かばかん

參觀30分

❽

實際體會長頸鹿與
河馬的大小

長頸鹿舍不僅可
以看到長頸鹿脖子
的長度，也可以看
清楚腳的長度，這
個觀察要點也很有
趣；河馬館可以看
到河馬在水裡的表
情與身體動作。

▲可以隔著玻璃仰視觀察
長頸鹿的長頸鹿舍

▲「餵食秀時間」可以一邊聽飼育人員的解說，一邊看動物吃飼料的樣子，是必看活動！

▲積雪期時，企鵝們會跑出企鵝館在園內搖晃晃地散步，非常受歡迎，為冬季動物園的知名活動

從這裡出發

往♀旭山動物園…搭乘巴士往旭山動物園方向（41、42、47號）從旭川站40分、440日圓，終點下車即到

往 旭山動物園くらぶ正門shop ⑤
旭 旭山動物園くらぶパン小屋 ⑤
旭 旭 有哺乳室、休息區
川 川
機 機
站 站
♀ ♀ ⑤ ZOOショップ&キッチン
CoCoLo
WC

休憩廣場（休憩所）
接駁巴士乘車處

有哺乳室、休息區

學習館

駝鳥

可以從下方看見水中的河馬

河馬館 ❽

GOAL

長頸鹿舍 ❽

⑤ Asahiyama Farm Zoo

置物櫃

可以從下方窺視的半圓頂

靜謐森林
北極熊館

有哺乳室、休息區

有哺乳室、休息區

免費休憩所 WC

西門

海豹館 ❷

免費休憩所 WC

正門

4分

置物櫃

H 中央売店

圓柱水槽

3分

可以看見北極熊在水中游泳

3分

北極熊館 ❸

鳥禽村

紅鶴

2018年度改裝工程中

企鵝館 ❶

3分

START

吊橋

3分

猛獸館 ❹

雪鴞舍 WC

可以從欄舍下面觀看

野狼森林

蝦夷鹿森林 ❺

N

0 1:3,210 50m

❶

◀從水中隧道可以看見企鵝悠悠游泳的樣子

企鵝游泳的樣子好停在天空飛翔

展示設施 **企鵝館**
べんぎんかん

參觀 20分

在地上走路搖搖晃晃的身影很可愛，一跳進水裡，游泳敏捷的樣子令人驚訝！從水中隧道看企鵝游泳好像在天空飛。

❷

海豹館
あざらしかん

館內有「Marine Way（圓柱水槽）」與「大水槽」可以觀察海豹的游泳特點。

👆 **獲得獨特的伴手禮與便當！**

●CAPSULE ZOO轉蛋

可以在設於正門、車門、海豹館休憩所的販賣機購買。1次500日圓。

▲樹上小貓熊的CAPSULE ZOO模型

❸

◀也可以和在水中游泳的北極熊四目相交！

生動有力的跳水震撼人心！

展示設施 **北極熊館**
ほっきょくぐまかん

參觀 20分

可以隔著玻璃看大北極熊跳進水中的樣子。此外，從透明的半球圓頂「海豹之眼」觀察時，還可能和北極熊四目相交!?

❹

猛獸館
もうじゅうかん

飼養獅子、西伯利亞虎、黑豹、棕熊等動物。可以從動物的上方、正下方等各種角度觀察。

❺

蝦夷鹿森林
えぞしかのもり

觀察廳的上方是挑高的天井設計，可以從下方觀察蝦夷鹿移動和吃飼料的樣子。

就實之丘
- 山丘起伏與開放感
十足的風景為賣點
的隱藏景點

♀就實

赤羽之丘●
下宇莫別
聖台公園 WC

赤羽
聖台水霸
聖台貯水池

新區畫

美瑛
ウエディングビルケ

新区画水霸

新区画

和風ペンション
菜摘実の里
向上♀

從這裡出發

往美瑛站…從札幌搭乘JR特急「超級神威號」1小時20分，4810日圓（自由座），再從旭川站轉乘JR富良野線搭30分，540日圓，於美瑛站下車

美瑛的咖哩烏龍麵是名產

美瑛町
美沢橋

美沢共和

新国十勝岳岬哨練線路

美沢11線

可以瞭望連綿的山丘與大雪山地區

隔著湖泊看見的十勝岳很美

美沢13線

千代田之丘見晴台

往青池・白金溫泉

K ステーキ・ファームレストラン千代田

ふれあい牧場 WC

水沢

景緻極佳的柏油路

⑤四季の交流館

⑧ 拓真館 WC

こんぺい草

ペンションWC

Ken與Mary之樹
けんとめりーのき

1972（昭和47）年在日產汽車愛之地平線的廣告中登場、樹齡80年以上的白楊樹。注意請勿進入周邊的農地。

2

1

西北之丘展望公園
ほくせいのおかてんぼうこうえん

占地面積5公頃的公園。從金字塔造型的展望台可以把大雪山連峰與美瑛的丘陵全景盡收眼底。

9

也有蛋包飯、咖哩等經典菜色

可以享用當季蔬菜的料理廣受好評

咖啡廳餐廳 ## 木のいいなかま
きのいいなかま

可以品嘗咖哩等使用當地農家種植的新鮮蔬菜烹調的料理。■11:30～14:30／週一休（11月～2月冬季不營業）／☎0166-92-2008

7

四季彩之丘
しきさいのおか

晴天時可以瞭望十勝岳連綿的山巒，位在小山坡上的設施。廣大的花田盛開著薰衣草等30種花卉。

散步時間約 **3**小時～**4**小時

北海道全圖 p.5 ▶▶

打動人心的藝術風景

美瑛

美瑛站
🚲 自行車30分
柔和七星之丘
🚲 自行車1小時15分
美瑛站
🚲 自行車55分
四季彩之丘
🚲 自行車1小時20分
美瑛站

環遊提示

在美瑛散步騎自行車是最佳方法。美瑛站周邊有自行車出租店（松浦商店☎0166-92-1415、滝川自行車☎0166-92-3448），1小時200日圓～，借整天也只要1000日圓～。別忘了自備飲料補充水分！

8

◀利用廢校的小學改成的相片館

感受到受美瑛吸引的攝影師靈魂

相片館 ## 拓真館
たくしんかん

參觀30分

將美瑛的美介紹給全世界的前田真三相片館。有「丘」的農地連種等等常設展示。■9:00～17:00（11月～4月10:00～16:00）／冬季休／免費／☎0166-92-3355

76

親子之樹

おやこのき

在視野極佳的山丘上，依偎聳立的3棵槲樹，「看起來簡直像親子一樣」因而命名為親子之樹。周邊都是馬鈴薯和麥田。

◀位在一段長下坡半路上的咖啡廳，輕食880日圓~

和景觀很配的德國風農場咖啡廳

咖啡廳 **Land Cafe**

らんどかふぇ

以附設的無農藥蔬菜農場採收的馬鈴薯等蔬菜當作主要食材，可以享用德國的家庭料理。■10.00~17:00/週二、三、12月~4月休/☎0166-92-5800

新榮之丘展望公園

しんえいのおかてんぼうこうえん

公園位於風景良好的小丘山頂上。眼下的平緩山丘，是一片種植馬鈴薯、玉米，以及麥等等的田地。

咖啡廳 自家焙煎珈琲店 **Gosh**

じかばいせんこーひーてんごーしゅ

從窗戶看見的美瑛風景也秀色可餐

可以品嘗精心濾泡的咖啡與蛋糕。店裡播放著令人愉快的音樂。15歲以上方可進入。■10:00~16:30LO/週二休/☎0166-95-2052

▲Gosh綜合咖啡540日圓~剛出爐的麵包也是人氣商品

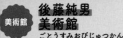

8

◀＜櫻花淨苑雙圖（左雙）＞2002年創作

描繪自然的作品也引人注目

美術館 後藤純男美術館
ごとうすみおびじゅつかん

参觀 30分

日本畫家後藤純男的美術館。展出描繪北海道自然為主題的作品。■9:00～17:00（11～3月～16:00）／無休／入館費1000圓／☎0167-45-6181

9

◀薰衣草盛開的初夏讓人想造訪此處

薰衣草盛開的初夏是最適合造訪的時候

公園 日之出公園
ひのでこうえん

参觀 30分

從上富良野市區往北約2km，開闢於日之出山上的公園。一到了初夏薰衣草的季節，山丘的坡面就會染成整片紫色，風景令人感動。■自由散步

散步時間約
3小時00分

位在北海道中央的自然豐富城鎮

富良野

富良野站

🚗 車程20分

Ningle Terrace

🚗 車程25分

富田農場

🚗 車程20分

日之出公園

⑨ 日之出公園　上富良野站
GOAL

旭野

⊗中の沢

旭野川

⊗山加

フラヌイ温泉
上富良野高

北海道全圖
p.5 ▶▶

斜線道路

衣草東部
⊗19号

⊗東中小
東中
⑥ ファームレストランあぜ道より道
217号

有一些景緻漂亮的攝影景點

ジンギスカンひつじの丘

線北13

本幸小⊗
⊗本幸

中小　本幸

獲選為北海道名水100選的湧泉

富丘
开富丘八幡神社
●原始的泉

不動の滝

ペペルイ

夏生
▲富良野GC

廣大的山丘連綿的田地，有攝影點

●布礼別小

布礼別

布礼別

八幡丘

可以近距離觀看前富良野岳的雄姿

丘分館

電視劇《來自北國》中，純與螢正在上學的澤小學分校

P.80

麓郷

五郎的石屋・最初的家

北麓郷
麓郷木材(中畑木材)
麓郷森林資料館
西1線⊗

麓郷之森

麓郷小中

富良野果醬園

富良野果醬園展望方案

撿來的家－YAGATE町－

從這裡出發

往富良野站…從札幌搭乘高速巴士「高速富良野號」2小時30分、2260日圓，富良野站下車。此外也可以從札幌搭乘JR特急「超級神威號」1小時20分、4810日圓（自由座），再從旭川站轉搭JR富良野線1小時10分、1070日圓，於富良野站下車。自6月上旬至8月底，可以從札幌搭乘JR特急「富良野薰衣草特急列車」2小時、4810日圓（對號座），於富良野站下車。

◀富良野和牛的烤牛肉蓋飯

1

也曾在電視劇《來自北國》中登場

郷土料理 くまげら

使用富良野和牛以及富良野產的馬鈴薯、玉米、乳製品等材料製成的料理琳瑯滿目。人氣餐點是味噌山賊鍋2人份3300日圓。■11:30～22:30LO／無休／☎0167-39-2345

◀手工製的香腸也很好吃

2

味醇甘甜的咖哩醬

咖哩 唯我独尊
ゆいがどくそん

以獨創的咖哩與手工製香腸為傲的店家。人氣餐點是香腸咖哩1150日圓。■11:00～21:00（20:30LO）／週一休（逢假日則翌日、7～8月不定休）／☎0167-23-4784

6 ファームレストラン あぜ道より道

ふぁーむれすとらんあぜみちよりみち

獨棟店家使用剛採收的美味蔬菜

由農家的五位媽媽經營的獨棟餐廳。可以品嘗媽媽們大量使用栽種的蔬菜，並親手製作的料理。推薦滿滿蔬菜的蔬菜咖哩970日圓、在義大利麵放上滿滿蔬菜與番茄肉醬的田園義大利麵970日圓等菜色。

■10:30～16:00（15:30LO）※食材售完打烊／週三休／☎0167-45-3060

▶（上）無論哪道餐點的蔬菜美味都很突出 （下）笑容滿面的媽媽們接待客人也感覺舒適

7 富田農場

ふぁーむとみた

参觀 50分

薰衣草的季節最令人感動

各種花卉爭豔綻放的人氣花田。除了薰衣草以外，各季節也能觀賞花卉。

■8:30～18:00（有季節性變動）／無休／入場免費　☎0167-39-3939

◀不禁想拍照的美麗「彩色花田」

3

◀富良野的伴手禮豐富齊全

羅列富良野的食材

美食區 FURANO MARCHE
フラノマルシェ

有堅持使用富良野食材的美食區以及農產品直售所。■10:00～19:00（6月17日～9月24日為9:00～）／11月下旬及過年期間休／☎0167-22-1001

4

◀可以在森林浴的心情中享受購物

購買有個性的商品

伴手禮 Ningle Terrace
ニングルテラス

小木屋的店家在森林中林立。也有玻璃手工藝品、木工品等等溫暖人心的作品。
■12:00～20:45（7～8月10:00開始）／無休／☎0167-22-1111（新富良野王子大飯店）

5

◀和電視劇世界相同的外觀。綜合咖啡600日圓

這家店是電視劇《溫柔時光》的舞台

咖啡廳 咖啡屋森之時鐘
こーひーもりのとけい

坐在吧檯座，和電視劇一樣自己磨豆子以後，店員就會幫忙沖咖啡。■12:00～20:45（20:00LO）／無休　☎0167-22-1111（新富良野王子大飯店）

國道237號塞車時，可以換走這條路

左右所見都是田的一條直線道路

沿著幹線道路很方便，順路過去。免費

也可以在站前的「かんのサイクル」租自行車。也有附電動輔助功能的

能一望富良野街與富良野西岳的息憩點

電視劇《來自北國》中草太的牧場

START

外景地

麓鄉之森
ろくごうのもり

參觀 1小時

散布在森林中的懷念建築物

▲位於舒適的森林中

閑靜的森林中散布著黑板家住過的白鐵皮屋頂房屋，以及五郎蓋的丸太小屋等建築。■9:30～17:00（10月～11月下旬→16:30）／4月下旬～11月下旬營業／外景拍攝設施的入場費500日圓、3設施共通券1200日圓（丸太小屋、撿來的家、五郎的石屋）／☎0167-29-2323

造訪與電視劇有關的地點

麓鄉

散步時間約 **2小時30分**

麓鄉巴士站
↓步行7分
撿來的家－YAGATE町
↓步行23分
麓鄉之森入口

拉麵

富良野とみ川
ふらのとみかわ

▲裝滿北海道產食材的拉麵

講究用當地產食材的絕品

把富良野產的小麥用石臼磨粉製成中式麵條，搭配使用北海道產的食材。石臼磨中式麵880日圓。■11:00～15:00LO（週六、週日、假日16:00LO）／週三休（7～8月無休）☎0167-29-2666

▲從田裡蒐集石頭堆疊成的石屋

外景地

五郎的石屋‧最初的家
ごろうのいしのいえ‧さいしょのいえ

參觀 20分

《'89歸鄉》中五郎堆疊石頭蓋的房子，可以參觀內部。■9:30～18:00（視時期有變動）／冬季休／500日圓／☎0167-23-3388（富良野觀光協會）

可以進建築物裡面參觀

▲也有電視劇最後結婚的純與結住的房子

外景地

撿來的家－YAGATE町
ひろってきたいえ－やがてまち

參觀 20分

《'02遺言》中五郎蒐集廢材蓋的房子。■9:30～18:00（11月下旬～4月15日為10:00～16:00）／無休／500日圓☎0167-23-3388（富良野觀光協會）

使用廢材搭建的房子

▲除了藍莓果醬以外，草莓果醬也很受歡迎

伴手禮

富良野果醬園
ふらのじゃむえん

用無添加的手工製果醬當伴手禮

店家販售無添加又美味的手工製果醬。除了可以參觀製造過程，也可以參加果醬製作體驗。■9:00～17:30／無休（冬季有休園日）／☎0167-29-2233

環遊提示

從麓鄉巴士站到麓鄉之森單趟30分。請配合回程的巴士時間，悠閒地散步吧。如果要去五郎的石屋或富良野果醬園，也可以考慮租汽車（車站租車富良野站營業所☎0167-22-0073，5月～10月中旬營業）。

五郎的石屋‧最初的家 **5**

租自行車從「撿來的家」騎過來單趟約30分。從入口步行3分就是五郎的石屋

富良野 p.78 ▶▶

租自行車從「撿來的家」騎過來單趟約22分

4 富良野果醬園

S アンパンマンショップ

麓鄉展望台

0 1:28,420 500m

S 富良野音樂盒堂 正直者のハンバーグ屋さん

有些地方的視野開闊，呈現整片恬靜的田園風景

可以清楚地看見富良野岳

長而平緩的上坡

253

有自行車出租店

3 往麓鄉之森 **GOAL**

從這裡出發

往♀麓鄉…搭乘富良野巴士往麓鄉方向從富良野站40分，終點下車。1天有4班車

撿來的家－YAGATE町 グラス‧フォレストin富良野

東麓鄉

START
中畑木材

静寂寺卍

麓鄉小中

2

8分

麓鄉デパート

7分

S 麓鄉デパート

1 富良野とみ川

野菜集出荷施設

稍微走遠一些

來趟自

然散步

1

◀建築物活用太陽能發電與熱導管

召開支笏湖的自然觀察會！

展示設施 **支笏湖遊客中心**
しこつこびじたーせんたー

參觀30分

使用影像、圖示板、模型等等介紹支笏湖、棲息在周邊的生物，以及自然的魅力。
■9:00～17:30（12～3月9:30～16:30）／12月～3月的週二休／☎0123-25-2404

2

◀不僅可以待在船底的客艙，也能站在甲板上

映入眼廉的美麗蔚藍色

遊覽船 **支笏湖水中遊覽船**
しこつこすいちゅうゆうらんせん

參觀30分

可以從船底的客艙看見湖底風光的遊覽船。■8:40～17:10（視時期而異）／僅4月中旬～11上旬營業／1620日圓（30分）
☎0123-25-2031

3

◀YAWOO紅茶470日圓與抹茶百合根奶油善哉620日圓

散步途中的休憩景點

咖啡廳 **休暇村支笏湖 ラウンジ**
きゅうかむらしこつこ らうんじ

位於休暇村支笏湖中的咖啡廳，可以一邊觀看聚在窗邊的野鳥，一邊度過下午茶時光。■7:30～21:00／無休／☎0123-25-2201

支笏湖野鳥之森
しこつこやちょうのもり

可以觀察野鳥的遼闊森林位在Kimunmorappu山山麓。有整修完備的探訪名勝道路。

散步時間約 **2小時00分**

美麗的藍色湖面

支笏湖

支笏湖遊客中心
↓ 步行14分
湖畔展望台
↓ 步行22分
支笏湖巴士站

從這裡出發

往♀支笏湖…從新千歲機場或千歲站前搭乘北海道中央巴士往支笏湖方向50分，900日圓，終點下車。1天4班來回

北海道全圖 **p.5** ▶▶

0 1:12,990 200m

往紋別岳↑

千歲市

↑往札幌

支笏湖YH
支笏湖第一寶亭留翠山亭
支笏湖
北海ホテル（潛水體驗）

GOAL

往札幌

しこつ湖鶴雅リゾートスパ水の謌

アウル
支笏湖局

P
トントン

支笏湖小

レストラン
memere

wc

美里

P

サークル商事

支笏湖遊客中心
①支笏湖觀光服務處

★

START

453

可以從樹木間看見湖

7分

15分

山線鐵橋
親水廣場

wc P

大正時期架的舊鐵橋

陸坡。注意腳步

★

1分

wc

又長又陡的樓梯

往千歲、苫小牧→

有可以下去湖畔的廣場

7分

通行困難

可以聽見野鳥鳴囀叫聲的安靜森林

4 往支笏湖野鳥之森

休暇村支笏湖
往支笏湖野鳥之森

P

ラウンジ

往札幌↑

オコタンペ湖

※オコタンペ湖展望台

恵庭岳▲1320

オコタンペ川

丸駒温泉旅館●

大崎

支笏湖水中遊覽船 **2**

オコタン崎

全年禁止通行

オコタン川

支笏洞爺國立公園

支笏湖

ポロピナイ園地

453

可以近距離且清楚地看見惠庭岳

可以清楚地看見的樽前山

千歲市

支笏湖溫泉

支笏湖遊客中心 **1**

支笏湖野鳥之森

休暇村支笏湖 ラウンジ **3**

▲507
モラップ山

モラップキャンプ場

往苫小牧→

支笏湖水中遊覽船

支笏湖鐵道

美笛キャンプ場

支笏国道 276

不可參觀

風不死岳▲1102

苔の洞門

白老町

N

0 1:145,950 2km

地獄谷
じごくだに

從研缽狀的窪地噴出白煙，每分鐘會湧出3000公升的熱水。可以從散步道近距離看間歇泉與熱水的河川。

觀光牧場

登別棕熊牧場
のぼりべつくまぼくじょう

> 位在從溫泉街搭乘空中纜車上山的山頂

> 可以近距離觀察棕熊

參觀1小時

園內放牧約100頭的棕熊。也有能夠近距離觀察熊的地方。■8:30~16:30（有季節性變動）／無休（有臨時休園）／2592日圓／☎0143-84-2225

水族館

登別海洋公園尼克斯
のぼりべつまりんぱーくにくす

參觀2小時

3

> 夢幻的水槽與水母水槽也很受歡迎

除了行走在大水槽上方的水中隧道以外，也有許多吸引人的表演。■9:00~17:00／無休（4月上旬有保養停業）／2450日圓／☎0143-83-3800

▲全年實施的企鵝遊行也很受歡迎

2

> 攝影景點很多，和村人交流也很有趣

> 也可以租借忍者服裝或和服

主題公園

登別伊達時代村
のぼりべつだてじだいむら

參觀2小時

重現江戶時代的街景與文化，像是穿越時空般飽享江戶情懷。■9:00~17:00（11~3月至16:00）／無休／2900日圓☎0143-83-3311

> 散步時間約
> **2小時00分**

登別溫泉巴士站
↓步行7分
空中纜車山麓站
↓步行10分
湯澤神社
↓步行5分
地獄谷入口

登別溫泉
悠閒體驗優質的溫泉

北海道全圖 p.5 ▶▶

> **從這裡出發**
>
> 往♀登別溫泉…搭乘道南巴士往登別溫泉方向從JR登別站17分、340日圓，終點下車。此外也可以搭乘道南巴士「高速溫泉號」從札幌站前總站1小時40分、3650日圓，登別溫泉下車

大平原
だいへいげん

島內唯一的原野，相當開闊，最適合當休憩地點。在這裡休息之後，照原路回去也是選擇之一。

東岸
とうがん

住宅區在穿過連續起伏的步道後抵達。如小海灣般的景緻優美，坐在水邊休息很舒服。

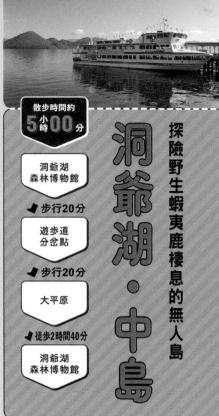

散步時間約
5小時00分

↓
洞爺湖
森林博物館

↓ 步行20分
遊步道
分岔點

↓ 步行20分
大平原

↓ 徒步2小時40分
洞爺湖
森林博物館

探險野生蝦夷鹿棲息的無人島

洞爺湖・中島

中島

北海道全圖
p.5 ▶▶

步道在2017年5月以前正在進行修復工程。出發前請洽詢洞爺湖町觀光振興課（☎0142-75-4400）。

若在這裡折返，來回需1小時30分～2小時就會回到博物館

遼闊的原野對面也能看見羊蹄山的能量景點。遇見野生蝦夷鹿的機率很高

視野開闊可以看見對岸

洞爺湖町

·863m

大平原·

若從這裡回博物館，一圈是約30分的路程

·454.8m

也能在水邊休息的開放區域

連續的長上坡

林中也能看見松鼠、大斑啄木鳥等野鳥

散步道分岔點

·376m

時而靠近時而遠離水邊、連續上下起伏的變化

START

中央入口 开 東入口

壯瞥町

GOAL

從這裡出發

往中島棧橋…搭乘道南巴士往洞爺湖溫泉方向，從JR洞爺湖站15分、330日圓，從終點步行5分到達站前棧橋，再搭乘巡遊中島觀光船20分，1420日圓

洞爺湖遊覽船

可以看見對岸洞爺湖溫泉的街區

洞爺湖

饅頭島

N

0   500m
1:36,170

↑往站前棧橋

路線概要

以遊覽船發船的棧橋為起點，幾乎環繞島內一圈的footpath（小徑步道）設備完善。出發後的一小段上坡鋪有木屑，方便行走。1圈約7.6km，路程約5小時。若在大平原折返，所需時間是1小時30分～2小時。洞爺湖溫泉觀光協會☎0142-75-2446

資料館 洞爺湖森林博物館
とうやこしんりんはくぶつかん

1

▲也能聽見棲息在洞爺湖周邊的動物與鳥類的聲音

參觀
30分

了解棲息在湖周邊的動植物

不僅展示有關北海道內的森林資源，也解說圍繞洞爺湖的自然環境，以及展示在此生活的動物剝製標本等等。散步前順路過去看看吧。
■8:30～16:30／11月～4月中旬休／200日圓／☎0142-75-4400

成香牧場 ◎観湖台 卍 洞爺寺
ザ・ウィンザーホテル 洞爺少年
洞爺リゾート＆スパ 浮見堂前 淨心寺 自然の家
成香 洞爺湖 成香 旭浦
　　　中 ◎展望台 錦浪橋
スープービレッジ ◎実験所前 仲洞爺
月浦 キャンプ場
　　230 支笏洞爺湖国立公園
　　　 P.84
　　　 洞爺湖
グリーンステイ 中島 東湖畔
観音島 饅頭島
洞爺湖 弁天島
虻田洞爺湖温泉 洞爺サンパレス 壯瞥町
　IC 湖畔の宿 453 長流
洞爺湖温泉 洞爺かわなみ
　　　 P.85 滝の上
洞爺湖町 壯瞥温泉
洞爺船 有珠山
青 昭和新山
青 有珠 667 732 室蘭本線
　37 大有珠 402 昭和新山
うすざんちょう しょうわしんざん

0   3km
1:288,260

第1・2展望台
だいいち・にてんぼうだい

　位在廣闊的高溫地熱帶上的高處，從第1展望台可以看見遺留的重機械等機具。從第2展望台眺望洞爺市區與內浦灣視野極佳。

散步時間約
2小時50分

↓

洞爺湖
遊客中心·
火山科學館

↓ 步行1小時

有君火口

↓ 步行40分

西山火口
散步道入口

↓ 徒步1小時10分

給食センタ
一前巴士站

可以體會到生氣蓬勃的火山活動
有珠山西山山麓

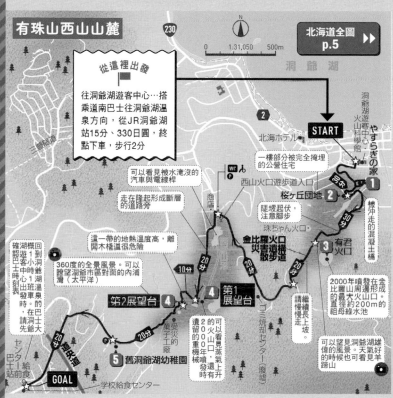

有珠山西山山麓

230
N
0　1:31,050　500m

北海道全圖
p.5 ▶▶

洞爺湖

從這裡出發
　往洞爺湖遊客中心…搭乘道南巴士往洞爺溫泉方向，從JR洞爺湖站15分、330日圓，終點下車，步行2分

北海ホテル

START

洞爺湖遊客中心·火山科學館

やすらぎの家

一樓部分被完全掩埋的公營住宅

可以看見被水淹沒的汽車與電線桿

西山火口遊步道入口
桜ヶ丘団地

走在隆起形成斷層的道路旁

陡坡起伏，注意腳步

珠ちゃん火口·

彎沖走的混凝土橋

金比羅火口災害遺構散步道

這一帶的地熱溫度高，離開木棧道很危險

有君火口

湖概從回到1洞爺湖遊客中心時刻表。往洞爺湖溫泉車的巴士出班，確認回到遊客中心出發時，在洞爺先爺

360度的全景風景。可以眺望洞爺市區對面的內浦灣（太平洋）

第1展望台

2000年噴發形成在金比羅山周邊最大的火山口。直徑約200m的祖母綠水池

繼續長上坡。
請慢慢走。

第2展望台

20道氏道

受災的菓子工廠

可以望見洞爺湖雄偉的風景。天氣好的時候也可看見羊蹄山

2000年的火山口遺留的重機械噴發時有升

ゴミ焼却センター（廢墟）

5 舊洞爺湖幼稚園

GOAL

学校給食センター

センター巴士站前食給

路線概要

　以洞爺湖遊客中心為起點。散步道上散布著被2000年噴發誕生的金比羅火口流出的熱泥流破壞的建築物遺跡。雖然有部分是陡上坡，不過整體步道很好走。

　位於前方的西山山麓火口步道連接著木棧道，可以悠哉散步。穿越步道的後抵達是給食センター前巴士站，建議從這裡搭乘巴士回到洞爺湖（10分210日圓）。

舊洞爺湖幼稚園
きゅうとうやようちえん

被飛來的火山渣打到建築物的屋頂與牆壁留下凹洞，可以感受當時噴發的可怕。庭園裡也有殘破的幼稚園娃娃車。

有君火口
ゆうくんかこう

2000年噴發造成的最大火山口。直徑約200m，池深10m左右。祖母綠的水色很神秘。

桜ヶ丘団地
さくらがおかだんち

原本是5層樓建築，1樓部分被泥土掩埋只看得見4層樓。感覺不到人跡氣息，鴉雀無聲的廢墟瀰漫著獨特的氛圍。

やすらぎの家
やすらぎのいえ

這棟建築物本來是町營的公共澡堂。現仍保留當初泥土流進內部的模樣。

北海道全圖 p.5 ▶▶

◀ 從十勝之丘展望台看見的大全景。夾著橫穿左右的十勝川展現整片宛如拼布的田園

往平代田堰堤・とろ̶

10分

WC 十勝之丘展望台

炊事場

Garden Spa 十勝川溫泉

可以穿泳裝盡情享受植物性有機溫泉的Spa。附設4家餐廳、販賣農產品等商品的Marche、可以體驗製作加工品的工作室。■9:00～21:00（Spa）／無休／☎0155-46-2447

涼亭
観察小屋
水鳥の湿原

中央入口
小木屋
瞭望大池・有木質甲板與長椅 WC

草の舞台・車ゲート
遊客中心
エコロジーパーク WC

十勝生態公園

河畔の森
WC

水と霧の遊び場
大池広場
春榆・水曲柳之森
WC 涼亭

土のフォーリー WC
大池
公園最大的白楊樹
涼亭

（蕎麥麵）麵処田楽
牛ホテル

13分
20分

P
P

20分

河畔の森

鵝掌草叢生地

甜楊：化妝柳之森

春榆樹
秋季沿路有掉落的核桃

P 田民宿旅館

ホテル大平原
ホリデイイン＋勝川
ホテル＋勝川・温泉南

隔著草叢可瞥見湖面
白楊大樹
公園入口，車輛禁止通行
8分

プロジェクトハウス・車ゲート 涼亭
古堤防の道 涼亭
WC WC

野餐廣場

P
P

兩棵大樹
車輛禁止通行。往草叢中走

水源の池
20分 棚樹之森
露營地 P WC

20分

鋪設木屑的步道。木香宜人

12分

森林中，有野生蕨類

山桑樹

開闊的森林，很明亮

可看見棚樹的大葉子

靠近十勝川，瀕臨河流與沙洲

N

1:16,390
0   300m

1

◀秒針長10m 10cm

眺望巨大的花鐘休息片刻

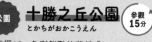

公園 **十勝之丘公園** とかちがおかこうえん 參觀 15分

直徑18m色彩鮮艷的花鐘「HANAKKU」引人注目，斜坡上有整片草坪的公園。也設有引自十勝川溫泉水的足湯（免費）。■園內自由

◀距離十勝川溫泉觀光遊客中心騎自行車約20分的千代田堰堤，可以看見鮭魚逆流而上。對岸的觀察室「ととろーど」也能隔著玻璃觀察鮭魚逆流而上的樣子

散步時間約 **4小時00分**

十勝川溫泉觀光遊客中心

↓步行30分

十勝生態公園入口

↓步行1小時25分

遊客中心

↓步行20分

十勝川溫泉觀光遊客中心

位在十勝平原的正中央

十勝川溫泉・帶廣

》》路線概要

以十勝川溫泉觀光遊客中心為起點，連接十勝川畔、十勝生態公園、十勝之丘展望台等景點，十勝川溫泉的小徑步道鋪修完備。這裡介紹的路線就是以這些景點為基礎。

從觀光遊客中心到十勝川的河床，走柏油路往生態公園前進。在5種樹的森林組成的自然公園，可以欣賞茂密的森林與大樹等富有變化的風景。化妝柳、白楊、春榆等樹種的森林中鋪設了木屑步道，可以在木香瀰漫中散步。

十勝川溫泉觀光遊客中心也可租借電動輔助自行車（4小時1500日圓），建議往十勝之丘展望台方向時可以利用。☎0155-32-6633（十勝川溫泉觀光協會）

■用巴士套票輕鬆觀光！

十勝巴士有販售以帶廣站為起點，觀光設施與來回車票組成套組的「日歸路線巴士套票」。可以用來巡遊花園、泡溫泉、參加體驗活動、享用美食＆甜點等等，比買普通票更划算方便。 請參考十勝巴士http://www.tokachibus.jp/。

3

特別推薦 point

◀可以近距離觀看震懾人心的比賽

輓曳賽馬十勝（帶廣賽馬場）
ばんえいとかち（おびひろけいばじょう）

參觀 1小時

看著拉雪橇的馬令人緊張到手心出汗！舉行大型馬匹拉鐵雪橇比賽的「輓曳賽馬」。十勝村有販賣農畜產品和供應餐飲。■入場費100日圓／舉行計畫請見http://www.banei-keiba.or.jp/

2

◀可以品嘗各季節當地蔬菜製成的義式熱沾醬

品嘗完整十勝的肉類、蔬菜、乳製品

餐廳 十勝農園
とかちのうえん

可以品嘗十勝產食材的美味。除了單點的蔬菜料理，十勝和牛也是人氣餐點。■17:30～23:30（週五、週六、假日前日至0:00）／週日休／☎0155-26-4141

帶廣

11樓的展望廳可以俯視棋盤格狀的市區街道

0　1:27,360　500m

◀帶廣賽馬場的觀光客也很多，可以輕鬆觀戰的氛圍。十勝村裡也有漫畫《銀之匙》相關的商品村。

◀公園大通沿路上有蝦夷松樹與楓樹的行道樹

從這裡出發

往第1ホテル巴士站…搭乘十勝巴士從帶廣站巴士總站約30分、500日圓

6

◀延伸於綠色公園的樹蔭下，長400m的長椅

在市區的中心看見北海道才有的風景

公園 綠之丘公園
みどりがおかこうえん

散步 30分

公園可以欣賞北海道才有的雄偉景觀。也有帶廣百年紀念館（380日圓）、北海道立帶廣美術館（170日圓）、帶廣動物園（420日圓）等等。■園內自由

5

◀巧克力磚1片90日圓～。也有各季節的蛋糕

這就是十勝的甜點！

點心、咖啡廳 六花亭帶廣本店
ろっかていおびひろほんてん

以草莓巧克力與蘭姆葡萄奶油夾心餅乾等商品聞名的六花亭本店。2樓有咖啡廳。■9:00～19:00（有季節性變動）／無休／☎0120-12-6666

4

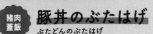

◀特大碗有6塊肉1200日圓

大口扒進1934年創業的老店豬肉蓋飯

豬肉蓋飯 豚丼のぶたはげ
ぶたどんのぶたはげ

用傳承70年的秘傳醬汁裹上北海道產的豬里肌，以高溫燒烤製成的豬肉蓋飯是人氣餐點。價格視肉的數量而不同，中碗4塊肉920日圓。■10:00～19:30LO／第3個週三休／☎0155-24-9822

展望台 釧路市濕原展望台
くしろししつげんてんぼうだい

參觀 30分

◀ 從西側眺望濕原的展望台

以立體模型與圖示板的展示學習自然

以「谷地坊主」為主題圖案的建築物中，可從展示資料學習到濕原形成的原因。■8:30～18:00（11～4月為9:00～17:00）／過年期間休／入館費470日圓／☎0154-56-2424

衛星展望台
さてらいとてんぼうだい

幾乎可以遠望整個釧路濕原，能近距離欣賞遼闊景觀的展望台。有涼亭、長椅、飲水處等等設施。

保留原始原生自然的日本最大濕原

釧路濕原‧釧路

散步時間約 **3小時30分**

- 釧路市濕原展望台
- ↓ 步行10分
- 陽光廣場
- ↓ 步行20分
- 衛星展望台
- ↓ 步行27分
- 釧路市濕原展望台

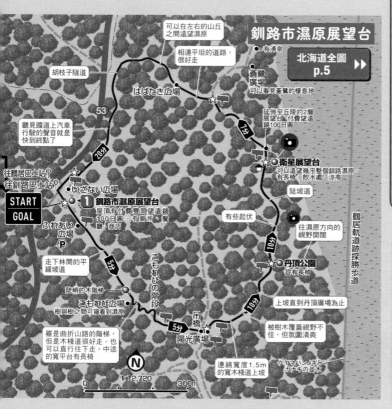

釧路市濕原展望台

北海道全圖 ▶▶ p.5

- 可以在左右的山丘之間遠望濕原
- 相連平坦的道路，很好走
- 有湧泉
- 蒼鷺廣場 可以看見蒼鷺的棲息地
- 胡枝子隧道
- はばたき広場
- 聽見國道上汽車行駛的聲音就是快到終點了
- 20分
- 往鶴居巴士站 往釧路巴士站
- **START GOAL**
- いざない広場
- ① 釧路市濕原展望台 屋頂有付費簡望遠鏡100日圓。有廁所、餐廳、商店
- ふれあい広場 Ｐ
- 走下林間的平緩坡道
- 陡峭的木階梯
- こもれびの階段
- こもれび広場 樹與樹之間可窺看到濕原
- 雖然是曲折山路的階梯，但是木階道很好走。也可以直行往上走。中途的寬平台有長椅
- 5分
- 5分
- こもれびの小道
- 延伸至丘陵的2層展望台。付費望遠鏡100日圓
- ☆ ●衛星展望台 可以遠望幾乎整個釧路濕原。有長椅、飲水處、涼亭
- 陡坡道
- 有些起伏
- 10分
- 往濕原方向的視野開闊
- ●丹頂公園 設有長椅
- 10分
- 上坡直到丹頂廣場為止
- 吊橋
- 陽光廣場
- 被樹木覆蓋視野不佳，但氛圍清爽
- 連綿寬度1.5m的寬木棧道上坡
- ケヤマハンノキとヤチダモの並木
- 鶴居軌道跡探勝步道
- **N**
- 1:12,720 300m

細岡展望台
まそおかてんぼうだい

可將廣闊的釧路濕原盡收眼底的展望台。天氣好的時候還能看見阿寒岳。

② 休息區 細岡Visitor's Lounge
ほそおかびじたーずらうんじ

參觀 20分

◀ 也販售濕原觀察地圖

展示許多濕原資料的休憩設施

可以輕鬆順路去的設施。也有輕食與咖啡廳區。■9:00～17:00（6～9月至18:00、10～11月至16:00、12～3月10:00～16:00）／過年期間休／免費／☎0154-40-4455

《 路線概要

路線以釧路市濕原展望台為起點，繞行設置於濕原內一圈約2.5km的散步道。出發後會慢慢下坡，再往上爬抵達展望台。

此外從JR釧路濕原站爬上陡峭的樓梯與坡道後，往林道前進即達細岡展望台（大觀望）。這裡可以眺望遼闊的濕原，以及蜿蜒流經濕原內的河川。
釧路市觀光服務處☎0154-22-8294

- 陡峭階梯
- **START** 10分
- 釧路濕原站 有廁所、自動販賣機
- Ｐ
- ② 細岡Visitor's Lounge
- WC
- 細岡展望台 3分
- 行走於水楢林中
- 4分
- **GOAL**
- 細岡展望台「大觀望」 從車道再稍微進去一點，可眺望整個濕原。蜿蜒的釧路川、遠阿寒岳、有全景導覽板
- 往岩保木的荒涼道路
- 雜木林
- 往釧路
- **N**
- 1:7,590 100m
- 細岡展望台

▶也可以獲得釧路觀光資訊和資料

講究使用當地食材的餐飲店一應俱全

複合設施 釧路漁民之埠 MOO
くしろふぃっしゃーまんずわーふむー

有購物區、美食區等等。■商品販售10:00～19:00、餐飲11:00～22:00（商品販售與餐飲都有季節性變動）／元旦休，有臨時休館☎0154-23-0600

▶也可寄送到外地，最適合選購伴手禮

享用自己做的「隨意蓋飯」！

市場 和商市場
わしょういちば

約60家店鋪櫛比鱗次的市場。名產是在市場四處各買一點生魚片直接放在飯上的「隨意蓋飯」。■8:00～18:00（1～3月至17:00）／週日休☎0154-22-3226

▶復原明治時代的舊釧路報社公司大樓的建築物

展示有關啄木的資料與照片

資料館 港文館
こうぶんかん

參觀30分

展示有關釧路報社記者石川啄木的資料。可以了解啄木的足跡。■10:00～18:00（11～4月～17:00）／過年期間休／入館免費／☎0154-42-5584

釧路市街

往釧路站
從釧路機場搭乘阿寒巴士1小時940日圓。從札幌搭乘特急「超級大空號」3小時50分、9370日圓（對號座）

從這裡出發
往♨濕原展望台…從JR釧路站搭乘阿寒巴士往鶴居、川湯溫泉方向40分、680日圓，於濕原展望台巴士站下車

▶用當地釧路產的木柴燒成美味佳餚

創業半世紀的老店，大啖始祖的滋味

爐端燒 炉ばた
ろばた

釧路第一家開始爐端燒的店家。在網架上烤當地的新鮮魚貝類與蔬菜。■17:00～23:00（22:00LO）／週日休／0154-22-6636

▶まいづるA套餐1100日圓

可以邊眺望夕陽邊享用餐點

餐廳 展望レストラン まいづる
てんぼうれすとらん まいづる

位於公共設施9樓的餐廳。可以俯瞰北海道屈指可數的美麗釧路夕陽景觀並享用餐點。■11:00～21:00（20:30LO）／週一休／☎0154-44-4455

幣舞橋
ぬさまいばし

這是明治時代架設的橋，現在的是第5代。橋的欄杆上有呈現春夏秋冬的「四季之像」。

美幌峠
びほろとうげ

可以看見號稱日本國內第6、北海道內第2大的屈斜路湖全景。天氣好的日子,超大全景很令人感動。

北海道全圖
p.5 ▶▶

巡遊神秘的三湖

阿寒・屈斜路・摩周

散步時間約
5小00分

摩周站
🚗 車程20分
摩周湖
🚗 車程20分
川湯溫泉站
🚗 車程50分
美幌峠
🚗 車程2小時
阿寒湖

往網走・小清水

往知床斜里

美幌市區・滿別機場
幌町
美幌峠
公路休息站
「ぐるっとパノラマ美幌峠」

屈斜路湖

中島

砂湯

391

碧石浜

川湯駅通り
(從川湯溫泉站步行5分)

仁伏溫泉

川湯溫泉

硫磺山 **3**
▲508

清里町

清里峠

中標津町

比第一、第三展望台的海拔高度低,多霧的夏季也通常能望見湖面

可以望見深線的中島浮在湖中的屈斜路湖全景,以及外圍的群山。有商店

池の湯

屈斜路プリンスホテル

屈斜路
プリンスホテル

和琴溫泉
和琴半島

コタン溫泉

屈斜路コタン
アイヌ民族資料館

243

美留和

美留和站

釧網本線

正面是摩周島,眼前俯視神婆島。背後也可看見硫磺山與屈斜路湖。比第一展望台的晴天機率高

裏摩周展望台

神婆島
摩周岳(カムイヌプリ)
▲857

摩周湖 **2**

第三展望台

第一展望台
第1展望台

西別岳
800▲

可以瞭望弟子屈市街與雄阿寒岳的絕景景點

阿寒國立公園

遙望下沼雄阿寒岳與雌阿寒岳

連續髮夾彎的坡道

ケヌプリ

弟子屈町

美羅尾山
554▲

辺計礼山
▲732

阿寒橫斷道路

241

奥春別

弟子屈CC

ピュアフィールド風曜日

摩周觀光文化センター

摩周溫泉站

摩周站

弟子屈町役場

900草原

南弟子屈站

多和平 **1**

標茶町

磯分內站

久著呂川

ヌマホロ川

釧路

391

往釧路

硫磺山
いおうざん

位在屈斜路湖東方的活火山,海拔512m。茶褐色的山坡地表正在到處冒煙。會因為風向等因素增加硫磺的臭味。

摩周湖
ましゅうこ

以世界屈指可數的透明度為傲的火山口湖。湖岸向水面陡然傾斜,卻沒有任何河川流入。

多和平
たわだいら

可以360度遠望地平線的大牧場,遼闊的大地就在眼前。廣大的占地放養著牛群,也有餐廳與露營地。

5

▶除了珍貴的照片，也展示許多相撲化妝圍裙等等的愛用品

了解昭和的大橫綱相撲力士大鵬的經歷

博物館 **大鵬相撲紀念館**
たいほうすもうきねんかん

參觀 30分

介紹戰後有大橫綱之稱、少年時期在川湯溫泉生活的第48代橫綱——大鵬的經歷。■9:00～17:00（6月～10月20日為5:30～21:00）／無休／入館費420日圓☎015-483-2924

4

▶店家招牌菜是燉牛肉

盡情享用招牌燉牛肉

餐廳 **ORCHARD GRASS**
オーチャードグラス

利用川湯溫泉站的站房設立的餐廳。燉牛肉1566日圓（附沙拉、飯）是招牌菜。■10:00～18:00（17:30LO）／週二休／☎015-483-3787

川湯溫泉站的足湯
かわゆおんせんえきのあしゆ

川湯溫泉站不僅有鐵路旅行者會去，也是駕駛員會順路到訪的人氣景點。站房內有免費的足湯。

阿寒・屈斜路・摩周

屈斜路湖

川湯溫泉

弟子屈町

大鵬相撲紀念館 **5**

川湯溫泉站的足湯
ORCHARD GRASS **4**

川湯溫泉

可以俯視散布在森林中的下沼、上沼兩座小湖

阿寒湖

左右兩邊的座位都能近距離看到雄阿寒岳

阿寒湖

阿寒湖畔溫泉

釧路市

9

▶展現動物與自然、狩獵與遊玩

可以欣賞愛努古式舞蹈

劇場 **阿寒湖愛努劇場 IKORO**
あかんこあいぬしあたーいころ

位於民間工藝品店櫛比鱗次的Ainu Kotan最深處的劇場，可以欣賞愛努古式舞蹈。■上演內容與開演時刻視時期而異／1080日圓／☎0154-67-2727

8

▶可以品嘗珍貴的愛奴料理

珍貴的愛奴料理廣受好評的店家

鄉土料理 **ポロンノ**

除了Mefun（醃鮭魚腎臟）拌義大利麵900日圓以外，也能品嘗愛奴料理。■11:30～21:30（11～4月需預約12:30～20:30）／不定休／☎0154-67-2159

7

▶阿寒湖產的湖魚料理

可以品嘗阿寒湖的魚

鄉土料理 **奈辺久**
なべきゅう

以阿寒湖捕獲的魚料理為主。除了西太公魚天麩羅定食1080日圓，紅鮭的生魚片定食1570日圓也是人氣餐點。■11:00～15:00、18:00～20:00／不定休／☎0154-67-2607

二湖
にこ

五湖中最大的湖。逼近知床連綿的山峰，水面上映照著山脈的樣貌，在散步道中是最美的景象。

三湖
さんこ

從5月到初夏會出現水芭蕉的群落。若夏季造訪，也能看見水面上睡蓮盛開的樣子。

散步時間約
3小時00分

知床五湖
Field
House

▼步行12分

五湖

▼步行4分

四湖

▼步行8分

三湖

匯集知床魅力的地區

知床五湖・網走

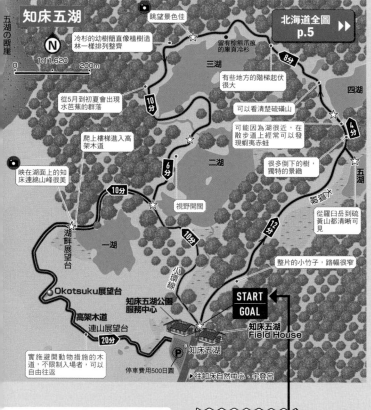

五湖的斷崖

知床五湖

1:11,620
0　　200m

N

眺望景色佳

冷杉的幼苗簡直像植樹造林一樣排列整齊

留有棕熊爪痕的庫頁冷杉

三湖　8分

從5月到初夏會出現水芭蕉的群落　10分

有些地方的階梯起伏很大

可以看清楚硫磺山

四湖

爬上樓梯進入高架木道

可能因為湖很近，在散步道上經常可以發現蝦夷赤蛙　4分

映在湖面上的知床連綿山峰很美

二湖　6分

很多倒下的樹，獨特的景緻

五湖

10分

視野開闊

從羅臼岳到硫黃山都清晰可見

湖群展望台

一湖　10分

小環線

整片的小竹子，路幅很窄　12分

Okotsuku展望台

高架木道　連山展望台　10分

START GOAL

知床五湖公園服務中心

知床五湖
Field House

實施避開動物措施的木道，不限制入場者，可以自由往返　20分

P 知床五湖

停車費用500日圓

▶往知床自然中心、宇登呂

北海道全圖
p.5 ▶▶

從這裡出發

往♀知床五湖…從JR斜里站搭乘斜里巴士1小時、1650日圓♀宇登呂温泉ターミナル下車。然後轉乘往知床五湖方向25分、700日圓。夏季也有從斜里站直達的班次

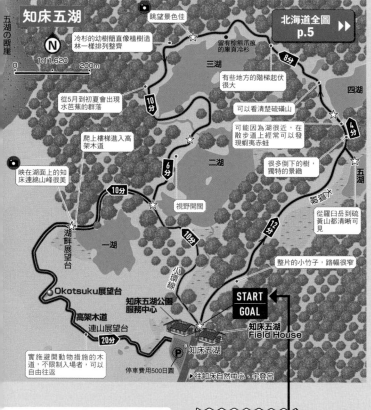

Okotsuku展望台
おこつくてんぼうだい

位在高架木道的中途，這裡實施避開棕熊等動物的措施。可以瞭望知床連綿的山峰，相反方向也能眺望鄂霍次克海。

《 使用地面散步道的方法

從五湖巡遊到二湖需使用地面散步道，不過以下的條件，必須先去知床五湖Field House辦理手續。

■5月10日～7月31日（棕熊活動期）

必須有導遊帶領團體旅遊，需事先預約。可以從網站預約（http://www.goko.go.jp/）。導覽費大環線4500～5100日圓，視導遊公司不同，所需時間大概3小時；小環線大概1.5小時2500日圓，1天限4隊，以到達先後排序（不可預約）。

■開園～5月9日、8月1日～10月20日（植被保護期）

若事先看過錄影解說（約15分），不需導遊也可以使用步道。散步道的使用費大人250日圓。

■從10月下旬至閉園

照慣例可以自由使用。

請洽詢知床五湖Field House（4月下旬～11月下旬的7:30～18:00。視時期變動）☎0152-24-3323

■高架木道不需辦理手續

使用前往一湖的高架木道不需辦理手續，可以免費使用。

2 ◀位在視野良好的地點

│資料館│ **鄂霍次克\n流冰館**
おほーつくりゅうひょうかん

│可以觸摸真正的流冰，體驗鄂霍次克海│

參觀 40分

以流冰與鄂霍次克海的生物為主題的設施。在流冰體感室可以觸摸真正的流冰。■8:30～18:00（11～4月9:00～16:30）／無休／入館費750日圓／☎0152-43-5951

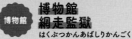

1 ◀移建的8棟建築物被指定為登錄有形文化財

│博物館│ **博物館\n網走監獄**
はくぶつかんあばしりかんごく

│利用實際用過的建築物學習北海道的開拓史│

參觀 1小時

此博物館是移建保存並公開舊網走刑務所的主要建築物。■8:00～18:00（11～3月為9:00～17:00）／無休／入館費1080日圓／☎0152-45-2411

當地啤酒 **YAKINIKU\n網走ビール館**
やきにくあばしりびーるかん

3 │講究素材與工法的當地啤酒│

可以品嘗講究的當地啤酒與和牛。■17:00～23:00（週五、週六、假日前日至翌日0:00）／無休／☎0152-41-0008

▲100％使用網走產麥芽的頂級啤酒也有多種風味

◀在網走監獄可以買到的「丸嶽系列」丸監獄裙1100日圓～

━━ 繞行觀光設施巴士的路線

━━━━━━━━━━━━━

網走ロイヤルホテル\nホテルルートイン網走\n東横イン\nオホーツク・網走駅前\n刑務所作業製品常設展示場\n網走刑務所\n刑務所前\n鏡橋\n238\nオホーツクバザール\nかに本陣友愛荘\n天都山入口\n大曲\n天都山\nアニマの里\n博物館網走監獄\n網走ビューパークリゾート\n網走観光ホテル\nレークビュースキー場\n網走湖畔温泉\nホテル網走湖荘\nペンションわにの家\n温泉旅館もとよし\n網走湖荘前\n往北見

網走駅\n西小前\n西小\n駅前

網走バスターミナル\n網走署\n網走市役所\n網走小\n網走市立郷土博物館\n網走神社\n網走小前

公路休息站「流冰街道網走」極光號乘船處\n網走橋\n流冰硝子館

2 鄂霍次克流冰館（天都山展望台）\n**展望レストラン流冰**

5 北海道立北方民族博物館\n北方民族博物館前

3 YAKINIKU網走ビール館\n**4** GRAND GLACIER

│除了可以看見鄂霍次克海和網走湖，晴天時也能遠望知床連山、雄阿寒岳、雌阿寒岳│

道道オホーツク公園てんとらんど

│有露營地、山林小屋、網球場、公園高爾夫球場、森林中的散步道等等，戶外休閒與娛樂設施齊全│

N
0 1km
1:62,560

網走

1 博物館網走監獄

├─ 從這裡出發 ─┤

往JR網走站…從札幌搭乘特急「鄂霍次克號」5小時20分、9910日圓（對號座）。此外也可以搭乘高速巴士「ドリーミントオホーツク号」6小時10分、6390日圓

《 唯有冬季的鄂霍次克海\n《 才有能近距離觀看流冰\n《 的觀光船

1月下旬開始的嚴冬期，可以靠很近看流冰的觀光船在鄂霍次克海沿岸啟航。「流冰觀光碎冰船極光號」與南極觀測船一樣，是把船頭開上流冰，用船的重量碎冰前進的碎冰船，在整片海洋都被流冰覆蓋的日子航行時，魄力滿分。1月20日～4月5日行駛。1月為9:00～4班船次、2‧3月為9:30～5班船次、（有加開班次）4月為11:00～2班船次／航行期間無休／乘船費3300日圓／☎0152-43-6000

▲走出來船上甲板時，別忘了穿戴手套、圍巾、帽子等防寒用品

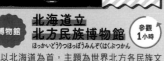

5 ◀有日、英、中、韓四國語言的免費語音導覽

│以影片與展示學習北方民族的文化│

│博物館│ **北海道立\n北方民族博物館**
ほっかいどうりつほっぽうみんぞくはくぶつかん

參觀 1小時

以北海道為首，主題為世界北方各民族文化的博物館。■9:30～16:30（7～9月9:00～17:00）／週一休（7～9月、2月無休）／入館費550日圓／☎0152-45-3888

4 ◀也持續受當地人喜愛的餐廳

│從豐富多樣的午餐到正式的晚餐皆有供應│

│餐廳│ **GRAND GLACIER**
グラングラシェ

位於網走中央飯店。推薦午餐自助餐1143日圓（稅別計）。■7:00～10:00、11:30～14:00、17:00～20:30LO／無休／☎0152-44-5151

93

宗谷岬

間宮林藏
の立像↑

日本最北端的地碑

WC ⑤
宗谷岬
（巴士等候室）

宗谷岬展望台

旧海軍望楼

谷岬燈塔
あけぼの像

平和の碑
宗谷岬平和公園
閣宮堂
（帆立ラーメン）

N

宮澤賢治
文學碑

祈りの塔

1:2,860　30m

平島

238

宗谷岬

GOAL

間宮林藏像★

從宗谷岬平
和公園可以
瞭望宗谷岬

宗谷港

ゲストハウス
アルメリア WC

15分

舊碉堡

宗谷黑牛
宗谷岬肉牛牧場管理事務所

C

下坡。隔著牛舍
可以看見阿爾梅
利亞的風車建築
物⑤

20分

正面有橘色屋頂
的牛舍，前方開
始看得見海

ユーラスエナジー宗谷
（Wind farm事務所）

宗谷丘陵的周冰河地形
※北海道遺產

宗谷岬肉牛牧場

20分

⑤

牧場中上下起伏。沒
有步道，請小心有很
多卡車和觀光巴士

平緩的下坡。正面開始
可以看見風車群

海、牧場、風車的180度大全
景！隔著廣大的周冰河地形可以
看見丸山。有長椅

D

宗谷岬牧場
※禁止進入

左右呈現廣闊
的牧場風景

視野極佳。平緩
的下坡

貝殼的路到此為止。
前面是柏油路

遠望走來的道路，明白
那是已經越過的山丘

20分

一邊看著右手邊
起伏的山丘，一
邊爬起緩坡

宗谷岬肉牛牧場

丸山
167▲

穿過丘陵中央的二
車線道路。平緩的
起伏

E

889

G

F▶G

25分

25分

丸山在
正面

宗谷岬肉牛牧場

繞過山坡危
險處登山

F

筆直登上平緩的山丘

一邊看著左手邊放牧的宗谷黑牛一邊下坡③

下坡。隔著左邊的
牧場也瞥見海洋

③

宗谷岬
Wind
farm

非常大量的
風車④

④

若從這裡回去

從宗谷岬巴士站…到
稚內站前搭乘宗谷巴
士約50分。下午大概
有3班車。

宗谷丘陵・稚內

散步時間約
4小時00分

宗谷巴士站

↓1小時5分

G 地點

↓步行50分

E 地點

↓1小時20分

宗谷岬

使用地面散步道的方法

本書走的是從宗谷巴士站（和宗谷岬
是不同地點，請注意是在靠稚內的這
邊）最近的宗谷公園到宗谷岬，約11公
里的宗谷丘陵小徑步道遠程路線。這條
路線可以欣賞日本著名的周冰河地形山
丘、宗谷岬肉牛牧場的廣大牧草地，背
後還有林立的風力發電風車群等等，雄
偉的景觀令人想起愛爾蘭島的丘陵。

沿路在重要地點設有A～H的導覽板，
只要跟著前進就不會迷路。從H的宗谷
歷史公園反方向走的人，終點的宗谷岬
周邊有商店與餐飲店，散步後可以繞過
去。

路途很遠，路上沒有廁所或自動販賣
機，途中也沒有交通工具可以離開。請
準備萬全的腳力、服裝、水以及隨身食
物。也最好蒐集充分的天候資訊，並做
好防寒、防雨等準備再出門。

■諮詢處
稚內觀光協會☎0162-24-1216
宗谷巴士☎0162-33-5515

◀出發的H地點

③

▲展望塔的開基百年紀念塔，也有附足湯的Guest House冰雪

從市區走過來，城市與海洋盡收眼底

公園 稚內公園
わっかないこうえん

散步1小時

　位在市區西側丘陵地上的廣闊公園，豎立著對庫頁島滿懷思鄉之情的「冰雪之門」。可以看見宗谷岬與野寒布岬，天氣好時也能望見庫頁島。■園內自由

---

①

特別推薦 point

▲模仿北極星一角的設計

宗谷岬
そうやみさき

散步30分

爬上丘陵抵達最北岬角

　位於北緯45度31分22秒，為日本最北的岬角。頂端有立碑，可以看見利尻、禮文島，晴天時也能望見庫頁島的島影。周圍除了公園以外，也有販賣最北商品的商店。

宗谷丘陵小徑步道

北海道全圖 p.5 ▶▶

N 1:43,520
0 ‥‥‥ 500m

①

②

沿路走了一陣子是整片的山白竹

爬坡終點。回頭一看發現海，左邊是風車的山丘

在牧草地爬上緩坡。也會看見捲狀物②

鋪了扇貝貝殼的「白色之道」①

在小竹田中登山。回頭一看可以從宗谷港途望稚內、利尻富士 宗谷小义

白色之道（貝殼之）

15分
30分
長椅

津輕藩主秋田藩陣屋之跡
宗谷歷史公園
嚴島神社

START（長途行程起點）

從這裡出發

往宗谷巴士站…從稚內站前1號乘車處搭乘宗谷巴士約40分。上午大概3班車。可以使用往宗谷岬的來回車票，2500日圓

從這裡眺望景緻很美

稚內港北防波堤ドーム

（地圖區域）

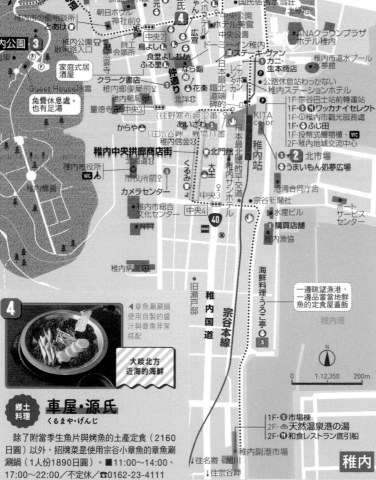

往野寒布岬
禪德寺
九人的乙女之碑
ベンチ
冰雪之門
稚内市休憩展望施設
方位の碑
樺太犬訓練記念碑
ロック
ガーデン
教稚内カトリック
宝来2
254
北防会館
ホテルサハリン
菓子司小鹿司
トモエ
稚内市勞働相談所
とあけ
北門神社
宗谷森林管理署
旅館いさ以
朝日ボウル
神社前
254
短歌の道
稚内公園散策路入口
稚内公園 ③
風車
往開基百年記念塔
Guest House冰雪
免費休息處。也有足湯
家庭式居酒屋
商工会議所
弘榮寺
クラーク書店
稚内郵便局前
稚内郵局
量徳寺
中央2番
からや
あいざわ
（往宗谷岬、機場）1番
稚内信金
中央1
北の味心竹ちゃん
うらら
ホテルおかべ彼彩亭
みうら
國民宿舍冰雪莊
北緑地
モシリパユースホステル
しおさいフロムナード
稚內港北防波堤ドーム
車屋源氏
網元
中央公園
ホテル美雪
④
広豊
鳥よし
食堂よしおか
ふる里
ドーミーイン稚內
ステーキ・ヴァン
日本最北鐵道路碑的
なら鮨
花楽
北洋
花ふら
レッタ
カニ生本商店
公路休息站わっかない
稚内ステーションホテル
ANAクラウンプラザホテル稚內
稚内市溫水プール
水夢館
1F·宗谷巴士站前特運站
1F·①ワッカナイセレクト
1F·①稚内市觀光服務處
1F·①ふじ田
1F·投幣式置物櫃
2F·稚内地域交流中心
稚内中央拱廊商店街
北門館
稚内サン
ホテル
稚内站
北市場
うまいもん処夢広場
北門館道1
稚内市役所
市役所前
KITA color
くるみ
大王
中央3
カメラセンター
稚内市總合文化センター
中央4
40
宗谷新聞社
水產ビル
ポートサービスセンター
港灣合同厅舍
購買店舖
稚内漁協
舊瀨戶邸
稚内國道
宗谷本線
海鮮料理うろこ亭
稚内病院
稚内郷園

往野寒布岬

一邊眺望漁港，一邊品嘗當地鮮魚的定食屋蓋飯

N 1:12,350 0 ‥‥‥ 200m

稚內港

往名寄、旭川
往稚內副港市場
往宗谷岬

稚內

---

④

▲章魚涮涮鍋使用自製的醬汁與章魚非常搭配

大啖北方近海的海鮮

郷土料理 車屋・源氏
くるまや・げんじ

　除了附當季生魚片與烤魚的土產定食（2160日圓）以外，招牌菜是使用宗谷小章魚的章魚涮涮鍋（1人份1890日圓）。■11:00～14:00、17:00～22:00／不定休／☎0162-23-4111

---

②

▲螃蟹有賣活的和水煮的

有海產和乾貨，也有北海道伴手禮

海鮮市場 北市場
きたいちば

　就在稚內站的東側，販售各種螃蟹與鮭魚等北海道的水產品。也有農產品與點心類等商品。■8:00～17:00（冬季9:00～15:00）／無休／☎0162-24-5430

11~15劃

16~20劃

21劃以上

索引

MEMO

國家圖書館出版品預行編目(CIP)資料

北海道散步好朋友／實業之日本社旅遊書編輯部作；
陳冠貴翻譯. — 第一版. —新北市：人人, 2018.05
面；公分 . —(散步好朋友；1)

ISBN 978-986-461-137-9 (平裝)
1.旅遊　2.日本北海道
731.7909　　　　　　　　　　　　107005471

JMJ

【散步好朋友系列 1 】
北海道散步好朋友

作者／實業之日本社旅遊書編輯部
翻譯／陳冠貴
校對／汪欣慈
編輯／林庭安
發行人／周元白
排版製作／長城製版印刷股份有限公司
出版者／人人出版股份有限公司
地址／23145新北市新店區寶橋路235巷6弄6號7樓
電話／(02) 2918-3366 (代表號)
傳真／(02) 2914-0000
網址／http://www.jjp.com.tw
郵政劃撥帳號／16402311 人人出版股份有限公司
製版印刷／長城製版印刷股份有限公司
電話／(02) 2918-3366 (代表號)
經銷商／聯合發行股份有限公司
電話／(02) 2917-8022
第一版第一刷／2018年5月
定價／新台幣 199元